叱れない
厳しくできない
でもうまくいく

「優しすぎる先生」の本

広山隆行［著］

明治図書

まえがき

先生は、「優しい先生」ですか？

もし「はい。優しいです」と答えていたら、きっと「優しすぎる先生」です。

本当に「優しい先生」は、自分のことを「優しい」だなんて思っていません。なぜなら、先生の仕事には「優しさ」だけでなく、「厳しく」しなければいけない時があることを知っているからです。

この本を手に取ってくださった先生には、子どもに優しく接しているのに、子どもの指導がうまくいかない、学級をうまくまとめられない、という先生が多いのではないでしょうか。もしかすると、「私は教師に向いていないのではないか」と思い、悩んでいる先生もいらっしゃるかもしれません。

でも、大丈夫です。本書は、そんな「優しすぎる先生」のために書きました。

元プロ野球監督の故・野村克也氏は次のように言いました。「間違った努力は努力じゃない。正しい努力しか努力とは呼ばない」と。プロ野球選手は野球の練習が大好きなので延々と練習します。でも、間違った方法であれば成果が出ないどころか逆効果になるそうです。

「優しさ」も同じように考えることができます。間違った「優しさ」は「優しさ」ではありません。正しい「優しさ」しか「優しさ」とは呼びません。

優しすぎる先生が悩んでいるのは、「優しさ」がまずいからではなく、「優しさ」の使い方、つまり方法がまずかったからなのです。

本書の第1章では、「優しすぎる先生」の特徴や悩みを整理し、身に付けてほしい基本的な考え方について書きました。

第2章では、「優しすぎる先生」が指導力を発揮するために必要な心構えや指導技術、子どもの「観方」などの基本姿勢について習慣化できるように書きました。

第3章では、「優しすぎる先生」がうまく指導できない代表的な38の場面について、「優しい先生」だからできる指導方法を具体的に書きました。

「優しい先生」は、優しいままでいいのです。優しいだけで子どもはうれしいのです。「優しい先生」が優しいまま素敵な先生になることを、本書を通して願っています。

２０２４年２月

広山　隆行

もくじ

第2章 「優しすぎる」を乗り越える10の習慣

第3章 これならうまくいく！「優しすぎる先生」の場面別指導術

授業中

友だち関係

言葉・発言

第1章

「優しすぎる先生」の悩み

1　「優しすぎる先生」とは

子どもは「優しい先生」が好き

4月、始業式の日の朝。担任発表がある直前の子どもたちの会話です。

「今年の担任の先生誰かなー」

「優しい先生がいいなー」

子どもたちは優しい先生が大好きです。

「好きな先生像」に関して調べたアンケートがあります。「どんな先生に教えてもらいたいと思っていますか」という質問の結果が次です。

第1位（54・3％）　優しい、話を聞いてくれる
第2位（37・5％）　楽しい、面白い

第3位（32・0％） 安心できる、信頼できる
（学研教育総合研究所　小学生白書Web版　2021年8月調査）

半数以上の子どもが優しい先生を求めていることが分かります。しかも2位以下に大差をつけています。

ただし、このアンケートを学年別で見ていくと、「優しい、話を聞いてくれる」は学年が上がるにしたがって割合がほぼ減っています。そのかわり、第4位（31・7％）の「授業がわかりやすい」が、学年が上がるにつれて高くなり、6年生では第3位まで上昇しています。

「優しすぎる先生」とは

4月当初は「やった！」「優しい先生でよかった！」と言っていた子どもたち。

それが、学校生活に慣れた5月ごろから、「○○さんと□□さんに言ったことがちがうけど、どっちが本当？　はっきりして」「もっと厳しく注意してよ」「○○さんをちゃんと叱ってよ」と不満に変わることがあります。いつのまにか「先生、優しすぎるよ」という

言葉を子どもたちが口にし始め、学級が落ち着かなくなる状態が全国各地で生まれているようです。

そんな「優しすぎる」と言われる先生の特徴とは、どんなものがあるのでしょうか。

次のチェックリストを用意してみました。チェックしてみてください。

- □ 子どもの言うことを全部「いいよ」と受け入れてしまう。
- □ 大きな声を出すことができない。
- □ 厳しく叱ることができない。
- □ 子どもたちと友だちのように接してしまう。
- □ 授業中、できない子どもに1対1のつきっきりで丁寧に指導する。
- □ 分かりやすく教えるために、先生がたくさん教材や教具を準備する。
- □ 指示・命令することが苦手。
- □ ダメなことは「ダメ!」と断ることができない。
- □ 授業準備や整理・整頓が遅かったり、困っていたりする子どもがいたら、すぐに手伝ってあげる。

□ 真剣な顔・こわい表情をつくることができない。

いくつ当てはまりましたか？　もし一つでも当てはまるものがあれば、「優しすぎる先生」の可能性があります。優しすぎる先生は、子どもたちからは「叱れない」「厳しくない」「甘い」先生と映ってしまいがちです。

そもそも先生の仕事は「教える」ことです。優しい先生であることは望むべきことですが、優しさを求めることによって、「教える」という本来のことができなくなっては本末転倒です。「優しすぎる先生」とは、先生の指導よりも、子どもを優先してしまう先生とも言えるでしょう。

「過ぎたるはなお及ばざるがごとし」ということわざがあります。「優しすぎる先生」は、「厳しい先生」や「叱ってくれる先生」よりも、子どもたちには歓迎されないようです。

POINT

「優しすぎる先生」は、子どもに歓迎されない。

2 「優しすぎる先生」の悩み
～優しい先生になりたいという夢と現実～

1日目　子どもは天使

始業式の日。さあ、今日から夢だった学校の先生としての1日目が始まります。始業式で全校の子どもたちへのあいさつを終えました。校長先生が担任の先生を発表します。「3年2組は○○先生です！」子どもたちのキラキラした目を見て、「なんて素敵な子どもたちだろう！」と心躍らせたはず。教室では子どもたちが先生に声をかけてくれます。「先生何歳？」「どこからきたの？」「何が得意？」と質問攻めです。「私、さかあがりができるよ」「ぼく、サッカー習ってるんだ」と、子どもたちは自分のことを知ってほしくて口々に話しかけます。

（なんてかわいい子どもたちなんだろう!!　明日からの学校生活、とっても楽しみ！教師になってよかった！）

1週間後……　子どもは悪魔

1週間経ちました。教室はこんな様子です。

3時間目のチャイムが鳴ったのに、教室はがやがやしています。

「チャイムが鳴りましたよ。早く席に座りましょう」「鉛筆はどうしたの？　学校では鉛筆を使いましょう」「だって、○○さんはこの前シャープペンシルを使ってたよ」「どうしてトランプを持ってきているの？　学校に関係ないものを持ってきちゃだめでしょ。早くしまって！」「静かにしましょう。授業を始めますよ。○○さん、席に座って！」

「はーい。今、ランドセルの中から教科書さがしてまーす」

（はぁ……、小学校の先生って大変……。子どもたちは言うことを全然聞かないし、私って教師に向いてないのかなぁ。辞めた方がいいのかな……）

たった1週間なのに、一体、どうしてこんなことになってしまったのでしょう。

ちょっと振り返ってみましょう。

子どもは天使？　悪魔？

4月、始業式の日、子どもたちはみな天使の笑顔を見せてくれます。子どもたちは、新しい学年になって「がんばるぞ！」とわくわくしています。一方で、「この先生はどれだけ自分のことを許してくれるかな？」と小さな挑発をしてきます。それは悪魔のささやきです。中堅・ベテランの先生の中には、「そうそう。私も最初はそうだった」と思い出す方がおられるのではないでしょうか。また、若い先生の中には、今年も同じ状況で悩んでいる先生がいるはずです。

思い出してください。こんなことをしていませんでしたか？

「先生、席替えいつするの？」「席替えしようよ」「そうだね。明日しようか」「やった～！」……。優しすぎる先生は、子どもの要求をすぐに聞いてしまっています。

「ねえねえ、一緒に遊ぼうよ！　約束だよ」「いいですよ」「今度はぼくたちと遊ぼう！」「いいですよ」……その後、「先生、休み時間、○○さんたちと遊んでばっかりでずるい！」「先生！　今日はぼくたちと遊ぶって言ったのに……」「私たちが先に約束したんだもん」。けんかが始まってしまいました。「分かったから一緒に遊ぼうよ」……そう言っても、子どもたちはおさまりません。「なんだよ！　先生は女子ばっかりひいきする！」

また、先生が授業中に話をしていると、隣同士で話し声。「静かにしましょうね」と優しく言っても次は違う場所で私語。「静かにするんですよ！」と再度言ってもおさまりません。

「先生、鉛筆忘れたので代わりにシャープペンシルでいいですか？」「仕方ないわね」

「赤鉛筆忘れたので、赤ペンでいいですか？」「しょうがないなぁ、いいですよ」

（なんでだろう？）

「私は優しい先生になりたかったのに……」「大学では子どもの話を聞ける先生の方がいいって教わったのに……」「ルソーも、ペスタロッチも、エレン・ケイも、子どもが大事って言ってたのに……」大学で習った教育原理は間違っていたのでしょうか。

いいえ、間違っていません。それはとても大事な原則。優しすぎる先生はその原理・原則は大切にしているのです。ただ、子どもたちを指導する方法が間違っていたのです。

POINT

「優しすぎる先生」は、指導方法が間違っている。

3 「優しすぎる先生」の学級
～反社会的な行動へ～

欲求不満は二つの現象へ

子どもたちはエネルギーにあふれています。そのエネルギーが適切に発揮されれば、授業は楽しいものになり、学校行事は活気あるものになっていきます。一方で、子どものエネルギーが適切に発散されないと、不適切な言動に変わってしまいます。

その不適切な言動は大きく二つに分かれます。それは、反社会的な行動と非社会的な行動です。まずは、反社会的な行動をしている子どもたちの様子を見てみましょう。

反社会的な行動への前段階

先生の教室でこんな言葉を使っている子どもはいませんか？

□ え～！ なんでそんなことするの？

□ やりたくない！　面倒くさい！
□ だって〜だもん。
□ もう、や〜めた！
□ いやだ！　やらない！
□ 女子（男子）ばっかりひいきだ！　ずるい！
□ はいはい。分かった分かった。

先生が優しすぎると、子どもの言葉づかいがだんだん反抗的な感じになっていきます。子どもが自己中心・自分勝手な言葉を使い出します。

優しすぎる先生は、すべての子どもの要求に応えようとします。中にはつっぱねてもいいような要求でさえ、大切にしてしまうために、子どもは何でも要求を聞いてくれるものと錯覚します。そして、第一段階として、このような言葉を発し始めます。このような言葉が出てきたら「優しすぎたかな？」と引き締める段階です。

ルールを守らなくなる子どもたち

優しすぎる先生の教室では、次のような現象が起こり始めます。

□ 授業の開始時刻を守らない。
□ 遊び道具を片付けない。
□ 学校に関係のないものを持ってくる。
□ 文房具が遊びやファッションのようになる。
□ 掃除をさぼっている。
□ 授業中、私語をする。

このような子どもの姿は、いきなり現れるわけではありません。子どもたちは先生を試すように、少しずつルールを逸脱します。

「ヤバイ！　チャイムが鳴った。急いで教室に帰ろう！　許してくれるかな？」

「この前はチャイムが鳴っても大丈夫だったよ。だから、急いで帰らなくても平気だよ」とおしゃべりをしながらゆっくり教室に入ります。

すでに授業が始まって3分以上経過。「全員がそろうまで、もうちょっと待ちましょう」優しすぎる先生は、ここでも優しく子どもに対応してしまいます。

例えば、遅れて入ってきた子どもに「どうして遅くなったの?」と聞くと、「校庭で遊んでいました」とのこと。「それじゃあ、早く席に着きなさい」と言うと「はーい」。

約束を守らなかった子どもを大切にし、きちんとルールを守って教室にいる子どもたちを放っておいてしまいます。適切な行為・行動をしていた子どもたちが待たされてしまうことで、不満がたまっていきます。結果、学級全体に欲求不満状態が生まれます。

そして、ルールを守らなかった子どもはさらにエスカレートし、先生への暴言、ルール無視。さらには子ども同士の暴力、対物・対教師への暴力へとつながります。

POINT

子どもの不満は「外」へと向かう。

4 「優しすぎる先生」の学級
～非社会的な行動へ～

非社会的な行動への前段階

子どものエネルギーが、自分の心に向かって発散されると非社会的な行動に向かいます。具体的には、指示待ち・無気力・いじめ・不登校などです。

エネルギーが外に向かって発散され、反社会的な行動をすると、その言動は目で見て分かります。一方、非社会的な行動に向かう子どもたちはその様子が分かりにくいものです。

ですから、次のような態度が見える子どもがいたら要注意です。

- □ 表情が暗い。反応が薄い。そもそも表情がない。
- □ 「はぁ～」ため息をよくつく。
- □ 休み時間、独りぼっち。何をすることもなく、校舎内をうろうろしている。
- □ 「え～、面倒くさい」とやる気がない。授業中、ぼーっとしている。

□「次は何をするんですか？」「どうすればいいですか？」と質問ばかりする。
□指示がないと動き出せない。

子どもに優しく接していれば、こんな子どもにはならないだろうと思うかもしれません。

でも、先生が優しすぎるがゆえにこうした子どもを育ててしまっているのです。

指示待ち・無気力になる子どもたち

優しすぎる先生は、子どもたちの動きを先回りして指示を出してしまいます。

理科室で実験の準備をする場面です。

「実験に必要なものを先生が準備しておきました。ビーカー、試験管、温度計、カセットコンロがここにあります。取りに来てください。準備ができたら静かに待っていてくださいね」

次は、図工の水彩画を描く場面です。

「赤と青と黄の絵の具を出しましょう。今日は、3色を使って色を塗ります。まずは赤と青を混ぜてみましょう。紫ができますね。次は赤と黄を混ぜてみましょう。オレンジができましたね。次は青と黄色を混ぜてみましょう。緑ができましたね。今日は画用紙に赤・青・黄の3色だけを使って塗りましょう」

いずれも、先生が事前に準備し、時間が節約できていいような気がします。しかし、このような授業では、子どもが自主的に準備したり、創造性を掻き立てたりすることはありません。先生の指示の中だけで動いています。指示通り動くことが好きな子どもは、指示待ちの子どもになります。また、指示通りでなく「もっとこうしたい」「私はこうしたいんだけどな」と工夫したい子どもにとっては、欲求不満の状態にさせてしまいます。

不登校になる子どもたち

「優しすぎる先生がどうして不登校を生むの？」と思われるかもしれません。これは、やんちゃな（反社会的な）子どもに時間を取られてしまうことで、「関わってほしいのに関わってもらえない」と思う子どもが増えるためです。いわゆるおとなしくていい子どもにとっては、関わってもらえない時間が増えてしまい、学校自体がつまらないと感じたり、友だちとの関わりも減ってしまったりすることにつながり、不登校のきっかけになります。

いじめをする子どもたち

エネルギーを反社会的な行動で発散する子どももいますが、賢い子どもは、そういうことをしてはいけないと知っています。お家の人に叱られる、先生からも叱られる、いい子どもでいなくちゃいけない、でも、なんだかもやもやしてしまいます。そのエネルギーを、先生に見つからないように発散し始めます。例えば、誰かの物を隠したり、落書きをしたりする行為です。対象が物ではなく人になると、いじめになります。先生の注目を集めている「あの子」や、自分よりちょっと弱そうな「あの子」をターゲットにしていきます。「いじめは犯罪」と意識してきたにもかかわらず、優しすぎる先生は、こうした行為に対しても、優しく接してしまい一向に改善しない状態になります。

POINT

子どもの不満は「内」へと向かう。

5 「優しすぎる先生」への子どもの声

「もっと怒ってほしい」

「優しい先生」と「優しすぎる先生」のイメージについて、私の学級（6年生32人）でアンケートを実施しました。以下のような自由記述方式です。左上に「やさしい先生ってどんな先生？」、左下に「やさしすぎる先生ってどんな先生？」、右上に「きびしい先生ってどんな先生？」、右下に「きびしすぎる先生ってどんな先生？」という欄を設けています。

アンケートの「優しい先生」と「優しすぎる先生」を比較すると、次のようなキーワードが出てきました。それが「怒る」です。どちらの先生に対しても、「怒る」に関する

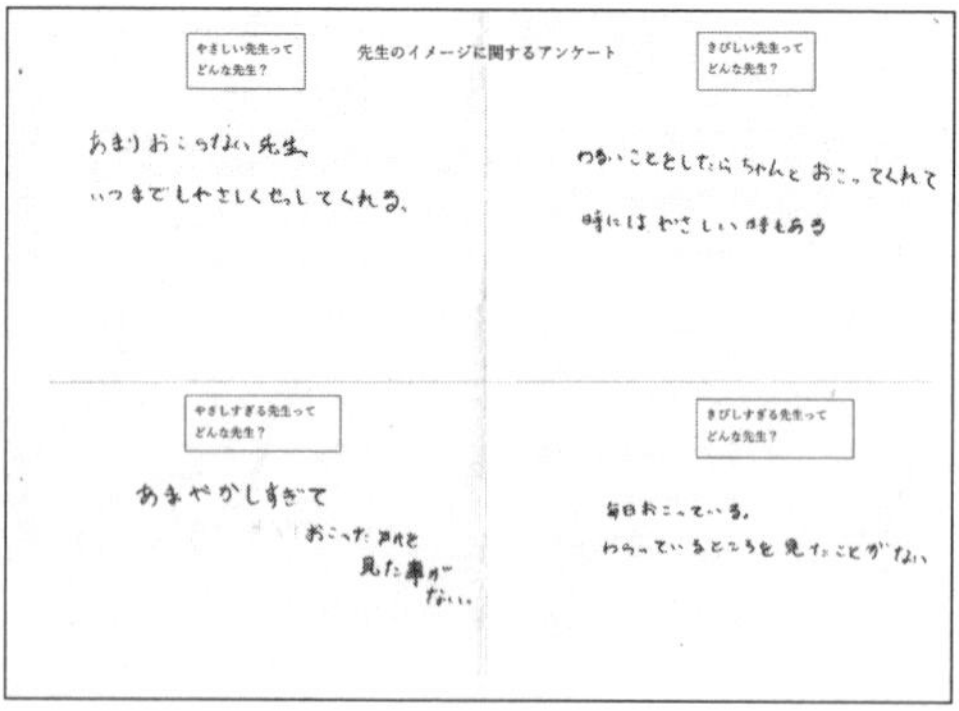
先生のイメージに関するアンケート

やさしい先生ってどんな先生？

あまりおこらない先生。
いつまでもやさしくせっしてくれる。

きびしい先生ってどんな先生？

わるいことをしたらちゃんとおこってくれて
時にはやさしい時もある

やさしすぎる先生ってどんな先生？

あまやかしすぎて
おこった所を
見た事が
ない。

きびしすぎる先生ってどんな先生？

毎日おこっている。
わらっているところを見たことがない

記述が多かったのです。具体的には32人中12人が「怒らない」ことについて書いています。

【やさしすぎる先生ってどんな先生？】
・まず怒らない　・悪いことをしても怒らない　・怒りきれない
・ぜったいに怒らない　・ほんきで怒らない
・少し悪いことをしても怒らない　・いけないことをしても怒らない
・あまやかしすぎて、怒った所を見たことがない　・生徒にあまい　他

「怒らない先生」は子どもにとってうれしいことだろうと思っていました。でも、子どもにとっては「優しすぎる」先生として、あまり好意的にとらえられていないことが分かります。面白いのは、「怒らない」ことを「あまやかしている」と、とらえている子どもが複数いることです。アンケートに「悪いことをしても怒らない」という記述があるのは、「悪いことをしたら怒ってほしい」という裏返しでもあります。

子どもは、いけないことをした時は「怒ってほしい」と願っているようです。「怒らない」「怒れない」のは、優しすぎる先生の特徴であり、弱点かもしれません。

子どもの方が上

その他の意見を見てみましょう。

・気をつかっている　・おせっかいすぎる先生　・なんでもやってくれる
・生徒の言うことをきくような先生　・宿題をしなくていい
・生徒が「授業したくない！」って言うと、「じゃあ、やめよう」と言う先生

これらの意見から「優しすぎる先生」の特徴として、先生よりも子どものほうが力関係で上になっているようです。例えば、「気をつかっている」「なんでもやってくれる」というのは、よく言えば、常に子どものやることを先回りして、失敗させないように手立てをしてくれる先生です。でも、先回りしてばかりでお膳立てされた活動では、子どもの主体的な姿を阻みます。子どもには「おせっかい」に映り、活動に歯ごたえがなく「自分たちに任せてよ」という気持ちにさせてしまいます。

旭山動物園では、動物は自然のままの状態を保つというスタンスで経営をV字回復させ

ました。飼育する動物に野生本来の鋭さが戻ってきたのです。子どもも学習する際に「できるかな？」「どうなるかな？」という手ごたえがほしいのです。

もう一つの特徴が「子どもの言いなり」になってしまう先生です。例えば、「宿題をしなくていい」や「席替えがしたい！」という、子どもの言うことを聞いてしまうことが繰り返される状態です。これでは、子どもの好き勝手な状態が生まれ始めます。大抵は声が大きかったり、強い言い方をしたりする子どもの意見が幅を利かせます。子どものやりたいことが大手を振って主張され、やるべきことに堂々と不満を言うようになります。結果的に、教室内に先生に意見を言える強い立場の子どもと、黙って静かにしている子どもというような階層が生まれます。

子どもの声を聞くことは大切ですが、何を受け入れ、ここはゆずれないという一線をきちんと引いておくことが大切です。

POINT

「怒ること」は「悪いこと」ではない。

6 「優しい先生」と「優しすぎる先生」は違う

広山先生は、優しい？　厳しい？

ある日の休み時間、子どもたちが先生のことを話題にしていました。

「ねぇねぇ、この学校の先生で誰が一番こわいと思う？」

「私は○○先生」「あ〜、分かる分かる。こわいよね」

過去の先生や専科の先生の名前を出して盛り上がっています。なるほどなるほど。子どもたちはそう思っているのか、と聞いていると、ある子どもが一言。

「でも、私は……広山先生がこわいと思う」

「あ〜、そうかも」「広山先生、本当は一番こわそう」

私は大声で怒鳴った記憶が最近はありません（若い頃はそうでもありませんでしたけど）。

普段はにこにこして穏やかに過ごしていると個人的に思っています。それなのに、どうして子どもたちは私がこわいと思ったのか、聞いてみたいなと思いました。

「ねえねえ、一番こわいという広山先生だけど……」本人登場に子どもたちはびっくり。

「どうして広山先生がこわいと思ったの？」と最初の子どもに尋ねました。

「え～!? だって普段はにこにこしているけど、いけないことをしたら、女子でも注意するし、こわい顔に変わるから、本当はこわい気がする」

「そうそう。授業とかちゃんとやらないといけない時は厳しい」

「ふざけていたり、なまけていたりしたらこわい」

子どもたちにとって、こわい先生とは、単に大声で怒鳴ったり、厳しく注意したりするばかりではないようです。「ここぞという時に許さないぞ！」という厳しさが見える先生の方がこわく思えるようです。

「先生は厳しいけど優しい」「厳しいけど好き」そんな先生になりたいものです。

優しい先生の反対は？

「優しい」の対になる言葉（対義語）はなんだと思いますか。

きっと「厳しい」を思い浮かべた先生が多いのではないでしょうか。その通りです。

でも、もう一つあります。「厳しい」以外の対義語は何でしょう？

それは「冷たい」という言葉です。つまり「優しい」の対義語には「厳しい」「冷たい」の二つあるのです。

それでは「優しすぎる先生」の対義語を考えてみましょう。「厳しすぎる先生」という言葉は耳にしますが、「冷たすぎる先生」という言葉はあまり耳にしません。「先生」という職業には「優しい先生と厳しい先生が同居している」というのが私の見立てです。ですから私は「優しい先生」の対義語を「冷たい先生」としています。この本を手に取ってくださったのは、優しい先生にちがいありません。でも優しすぎることが悩みなのでしょう。第2章では、優しさと厳しさを兼ね備えるための話をしたいと思います。冷たい先生にだけはならないでください。

アンケートに見る「優しい先生」「厳しい先生」

先の「優しい先生・優しすぎる先生」のアンケートの結果をもう一度見てみます。

「やさしい先生ってどんな先生？」というアンケートの中には、「まさに優しい先生！」という意見がある中で、下のような意見がありました。優しい先生のイメージの中に「怒る」というキーワードがあることが面白いです。

子どもにとって「優しい先生」は、怒らない先生・怖くない先生ではないようです。怒るべき時にはちゃんと怒り、怒るべきラインをきちんともっている先生のことを「優しい先生」ととらえているのです。

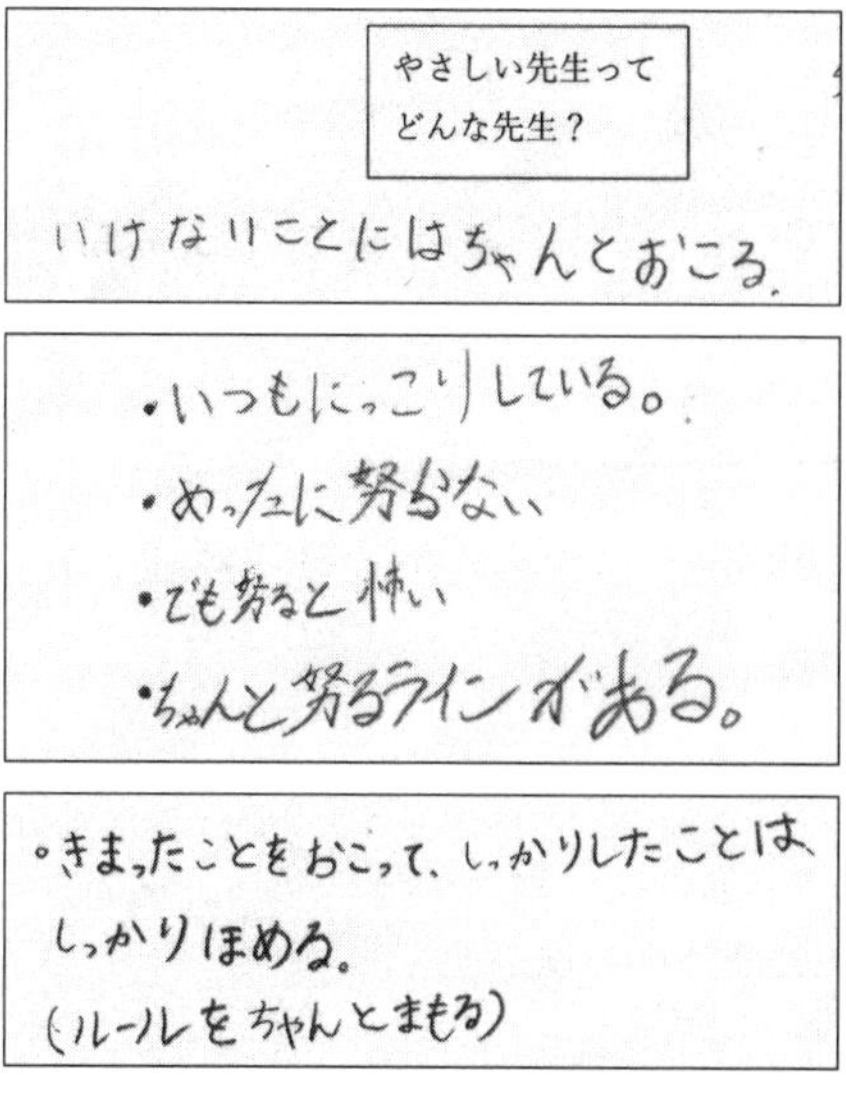

いけないことにはちゃんとおこる。
・いつもにっこりしている。
・めったに怒らない
・でも怒ると怖い
・ちゃんと怒るラインがある。
・きまったことをおこって、しっかりしたことは、しっかりほめる。
（ルールをちゃんとまもる）

POINT

「優しい先生」は、実は厳しい。

7 「優しさ」を活かした学級をつくろう

時代は優しさを求めている

２０２３年夏の甲子園、高校野球で優勝したのは慶應義塾高校でした。森林貴彦監督は「別に坊主頭じゃなくても、何も問題ないのではないか」「監督は絶対的な存在ではない。選手には自分のことを『さん』づけで呼ばせている」とこれまでの高校野球の固定観念を覆す発言を繰り返してきました。慶應野球部が掲げるテーマは、「エンジョイ・ベースボール」です。森林監督は、高校野球にある3つの価値の1つとして「自分自身で考えることの楽しさを知る価値」があるといいます。高圧的な指導はせず「サインは自分たちで決めた方が楽しいだろう」と「選手に委ねること」を大切にしています（森林貴彦『Thinking Baseball』東洋館出版社、２０２０）。

また、２０２２年夏の甲子園優勝、２０２３年準優勝の仙台育英学園高校の須江航監督は、「優しさは想像力」という言葉を大事にしています。「想像力を働かせることで無用な衝突も、ストレスも抱えることなく、他者のことを想うと優しくなれる」と言います。また、電話やZoomなどを使いながら毎日選手と面談を繰り返しているそうです。

昨今、指導者によるパワハラや体罰が問題になる中で、高校野球でこうした指導方針の学校が勝ち上がるのは偶然ではない気がしています。怒鳴ったり命令したりする指導方法よりも、子どもの自主性を育てる指導が今の時代では求められているのです。須江監督は、前者の勝利ばかりを目指す指導を「勝利至上主義」、後者の指導を「勝利主義」と分けて考えています。「勝利だけを目指すのではなく、勝利と言う成果に真剣に向かうことが〝勝ちの価値〟を高めることになり、人間的な成長にもつながっていく」とし、部活動は成功に至る道筋を学ぶ場だといいます（須江航『仙台育英 日本一からの招待 幸福度の高いチームづくり』カンゼン、2022）。

未だ小学校に残っている、教室で発言する時の「～です。どうですか?」「いいで～す」という話法や、学力調査の結果がどうだったかなどの形式的な部分は、高校野球でいう結果を気にした「勝利至上主義」に似ている気がしています。今や、目の前の子どもたちを見て、ここにいる姿を100点満点と考えて子どもたちに声をかけていく指導が求められています。

みんなが幸せになるために「優しさ」を活用しよう

休み時間、遅れて教室に入ってきた子どもがいます。AさんとBさんが遅れてきました。先生ならどう対応しますか？

①「早く席に着きましょうね」と穏やかに言う。
②「遅れちゃダメでしょ！」と叱る。

厳しい（厳しすぎる）先生なら、問答無用にすぐ叱るかもしれません。でも、二人が同じ理由とは限りません。実は、Aさんは、体育館で時間を忘れて遊んでいました。Bさんは、保健室で具合の悪い友だちに付き添っていました。こうなると話が変わってきます。それぞれの対応は別になります。

もしも①の言葉かけをしてしまったら、遊びに夢中だった子どもは、厳しく叱られないことをいいことに、次も同じように授業に遅刻することを繰り返すかもしれません。また、それを見ていた他の子どもも、「厳しく叱られないなら、休み時間ぎりぎりまで遊んでも大丈夫だな」と思ってしまうかもしれません。一方、もしも②の言葉かけをしてしまったら、具合が悪い友だちに付き添っていた子どもは「友だちが心配で付き添っていたのに……」と先生に不満を抱くかもしれません。

こんな時に有効な言葉かけは、「どうした?」「何かあった?」です。いったん子どもたちの状態を受け止めましょう。その上で、Aさんには厳しく指導することができますし、Bさんには「ありがとう」と感謝の言葉をかけることができます。優しい先生とは、その場、その時、その瞬間の対応力によると考えています。

私はこの対応力こそ優しい先生の源ではないかと考えています。先の二人の監督の指導は、自主性を重んじて一人ひとりに対応しつつ、みんなを同じ目標に導くことでチームワークを高めていました。優しい先生は一人ひとりに対応することに長けています。この対応力こそ優しい先生の生きる道です。

POINT

「優しい先生」は、対応力に優れている。

8 「優しすぎる先生」を克服する

優しすぎる先生は「子ども中心」で「対応力なし」

先生の指導の土台を二つの軸で表しました。一つは「子ども中心」か「教師中心」かです。子どもの声を大切にし、子どもの自主性を大切にして指導していこうとするか、先生の理想像に向かって命令・指示を中心に子どもを導いていこうとするか、です。

もう一つの軸は、「対応力」です。学校は1日として同じような日はありません。「毎日けんかがあります！」という学級でも、メンバーが変わっていたり、原因が変わっていたりします。日々、その時、その瞬間に急いで対応を迫られます。ベテランと呼ばれる先生は、過去の経験に照らし合わせながら、その時の出来事に対応することができます。このようなある局面における出来事に対応する力を「対応力」とします。

すると、下の図のように「優しすぎる先生」は右下に位置し、子ども中心の考え方で、対応力のない先生と見ることができます。

左下は、教師中心で対応力がない先生を「冷たい先生」としました。命令・指示ばかりで、融通がきかず画一的な指導しかできない先生のことです。

「優しい先生」は右上に位置し、子ども中心で対応力のある先生。「厳しい先生」は左上で、教師中心で、対応力のある先生です。算数の授業中、分からない子どもの姿が多いことを見て、教え方を変えたり、ズバッと子どもの疑問に答えたり適切に指導・助言を入れることができる先生と考えると分かりやすいでしょう。

面白いのは「優しい先生」と「厳しい先生」が一部重なっているところです。子どものアンケートに「優しいけれど厳しい先生」「厳しいけれど優しい先生」とあることから導きました。これは、その時々の出来事によって先生には厳しい指導も優しい指導も両方必要だということです。

中国の古典に「中庸（ちゅうよう）」という言葉があります。一般的には、対立する二つの意見がある時、一方にか

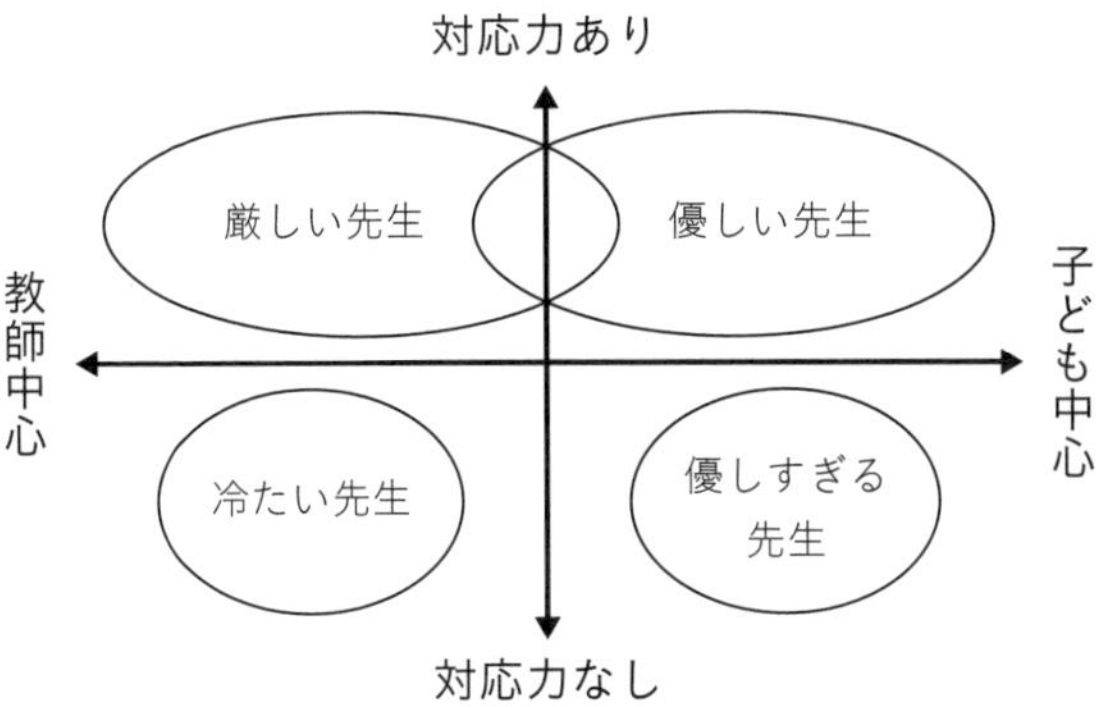

たよって取り入れるのではなく、両方のいい点をバランスよく取り入れるような考え方のことです。優しさと厳しさを兼ね備えている先生が理想的な「優しい先生」と考えてよいでしょう。

どうして先生になろうと思ったのですか？

私は新規採用の先生にいつも聞きます。「どうして先生になろうと思ったの？」と。そこで出てくる理由の多くが、「子どもが好きだから」です。「子どもが好き」だからゆえに、子どもに優しく接しようとするのでしょう。それが「よい先生なのだ」と思ってスタートを切り、「こんなはずではなかった」と思っているのではないかと思います。

大村はま氏は、若い先生たちの動機について「危ない盲点のようなもの」と指摘します。

私は、子どもがかわいければ、子どもをとにかく少しでも良くしていける、教師という職業人としての技術、専門職としての実力を持つことだ、子どもを本当にかわいがる、幸せにする方法はそのほかにはないんだと思います。それ以外のことはみんな第二流のことだと思います。遊んでやるのもよいし、頭をなでてやるのもよいし、優しい言葉をかけるのも結構、しかしそれらはみな二次的なことです。それをやってもよいというだけの話で、それさえやっていればよいということではない。やはり、自分の研究の成果、すぐれた指導の実力によって、子どもを本当にみがきあげることです。つまり、しっかり教えられなければ、頭をなでてもいっしょに遊んでやっても、それはたいした値うちをもたないのだと思います。

（大村はま『教えるということ』共文社、1973）

私も「子どもが好き」というのは、先生になるきっかけにすぎず、先生になってから、どのような指導力を身に付けるかが大切なのだと思います。

学校は、教育基本法に則り、人格の完成を目指す場です。学校は勉強するところです。そのために先生がいるのです。先生の仕事は子どもたちと仲良く楽しく過ごすことではありません。大原則を踏まえた上で、優しい先生になりましょう。

POINT

子どもに好かれるよりも、子どもを育てる。

Column

「優しさ」を活かした学級づくりネタ❶

とつぜんのラブレター

子どもがよいことを行った時に、「とつぜんのラブレター」を贈ってみましょう。ハガキに、先生のメッセージを添えて自宅に送ります。例えば、荷物を運ぶのを手伝ってくれたり、下級生にとても優しく接していたりする様子について書き、「うれしかったよ」「ありがとう」などと添えます。

突然届くハガキから、先生の優しさが文章を通して伝わります。このハガキは、お家の人の目に触れることになります。その日の夕食が幸せな雰囲気になることが想像できるでしょう。

あらかじめ学級全員分のハガキを購入し、住所を書いておくと、最低でも全員に1回は「突然のラブレター」が届くことになります。

IT の発達により、今や人のやり取りはメールや SNS が中心になりました。そんな時代だからこそ、手書きのハガキが先生の優しさ・温かさを伝えてくれます。

（元実践は群馬県元教諭の深澤久氏による）

第2章

「優しすぎる」を乗り越える10の習慣

1 「私は先生」と自覚する

学校は勉強するところ

先生の仕事とは一体何でしょうか。学校教育法では、「教諭は、児童の教育をつかさどる」とあります。「教育」とは、その字の如く、「教え、育てる」ことです。ここで「教」「育」の漢字の語源を確認してみましょう。

「教」は、もとは「敎」と書きました。左側は「コウ・キョウ」という音を表し、「爻（まじわる）」と「子」を合わせた字です。部首の「攵（のぶん）」は体を動かして何かをすることを示しています。つまり「教」は、大人と子どもが交わり習うことを表しています。

「育」という字の上側は、「子」の字を逆さにした形です。赤ちゃんが頭を下にして安らかに生まれることを意味します。下側の「月」は「肉（にく）」を表します。生まれた赤ちゃんに肉がついて太ることを表します。そこから「そだつ」の意味が生まれました。

（藤堂明保監修『漢字なりたち辞典』ニュートンプレス、1991）

また、「教育」という語は、中国の孟子に「君子に三楽有り。～天下の英才を得て之を教育するは、三の楽しみなり」（尽心上）とあるのが初めです。教えることは、古くから楽しみの一つとして考えられていたようです。

以上のことから「教育」に、優しいか否かは関係ありません。優しすぎる先生は、まず「教える」ことが先生の役割であることを自覚しましょう。そして、子どもが育つ姿が、先生という仕事の楽しさになるのです。

学校は何をしに来るところ？

私が新年度、いつも子どもたちに話す場面を示します。

「学校って何をしに来るところ？」

例外なく子どもたちは「勉強！」と答えます。

続けて「勉強ってどんな勉強？　教えて」と問い返し、子どもたちに発表させます（その年の実態に応じて、子どもに書かせたり、子どもの意見を黒板に書いたりします）。国語・算数・理科・社会・生活・音楽・図工・体育・家庭科・道徳・学活・総合・外国語など……

真っ先に各教科、領域が出てきます。続けて次のように問い返します。

「学校の勉強って時間割の教科だけかな？　それだけを勉強しに来ているのかな？」

すると勘のいい子どもから、「先生！　給食も勉強だと思います。好き嫌いのないように食べるとか、マナーよく食べるとかの勉強です」「掃除の時間も勉強です」などの発言が出てきます。ここから一気に学校全体の活動が出てきます。「休み時間も友だちと仲良くする勉強！」「朝の会や帰りの会も話を聞く勉強！」などです。

「そうだね。学校っていろんな勉強をするところだね。休み時間に遊んだりするけれど、それも勉強の一つだね。朝、昇降口に入ったら。いえ、学校の校門をくぐったら……。いえいえ、もしかしたらお家を出た時から勉強は始まっているかもしれませんね」

こう話をして、学校は勉強するところであることを確認します。

さらに「先生は、この勉強を教えるのが仕事です。1年間、しっかり勉強しましょうね」と念を押してまとめます。ここまでの話の最中にふざけている子どもがいたら、「学校に勉強しに来ているんでしょ」「まだまだしっかり教えないといけませんね」と諭すことができます。怒鳴ることなく、子どもに語りかけます。このようにして、先生の役割は「教えること」であり、子どもは「育つこと」が学校での大事な役割であることを確認します。

先生の自覚がもてるとき

優しすぎる先生は、それでも「先生としての自覚は、どうしたらもてるようになるのですか?」と聞くかもしれません。まずは、授業で子どもたちに学力をつけていきましょう。優しすぎる先生が失敗するのは、授業以外の子どもたちの関わりに時間を割き、子どもの要求を鵜呑みにしてしまうことから始まる場合が多いです。教えるべきことがはっきりしている授業を大切にすることで、先生としての自覚が持てるようになります。まずは授業時間に力を注ぎ、休み時間は今のままの優しさを子どもに注いであげましょう。

POINT

遠慮せずに勉強を教え、育てよう。

2　授業で学力をつける

休み時間と授業時間を区別する

　優しすぎる先生は、子どもと仲良くし、友だちのような関係であろうとします。休み時間も授業時間も同じように接してしまいます。この二つをきちんと区別する習慣をつけることで、優しすぎる状態を乗り越えられます。

　例えば、私は次のようにしています。

「先生！　サッカーして遊ぼう！」「ねえねえ、トランプしよう！」と子どもたちは声をかけてくれます。声をかけてくれた時は、できるだけ一緒に遊ぶようにしています。でも、予鈴が鳴ったらすぐに「はい。ここまで。次の授業に遅れないように準備をしましょう」と切り替えます。私は授業開始のチャイムと同時に黒板に日付や単元名を書き始めます。遅れてくる子どもたちを待たず、授業を始めてしまいます。事前に授業に遅れた場合は先生に理由を言うように伝えているので、「遊んでいて遅れました」「保健室で休んでいました」などと言ってきます。その内容によって、端的に「次から気を付けるようにね」「今、具合どう？　休んでいなくて大丈夫？」と声をかけます。授業開始時刻をきちんと守っている子どもたちを大切にしています。具体的には、次のようなことを意識します。

①チャイムと同時に授業を始め、チャイムと同時に授業を終える。
②休み時間と授業時間の言葉づかいを変える。（常体と敬体）

すると、自然に授業時間は先生として自覚します。子どもたちも先生の言葉の違いから、授業中は「勉強を教えてもらう先生なんだ」という意識が生まれます。

授業のねらいをはっきりさせる

子どもに学力をつけるために優しすぎる先生は、宿題プリントをたくさん出したり、休み時間や放課後に残して指導したりしています。どちらも子どもからはあまり好まれません。まずは授業中に学力をつけることに尽力しましょう。

楽しい授業・いい授業をするのはベテランでも難しいことです。でも、学力をつけるのであれば、次のことを意識した授業作りで十分です。

①授業で教えることを明確にする。
②授業で教えたことを確認する。

まず、①の「授業で教えることを明確にする」とは、先生自身が何を教えるのかをはっきりともって授業に臨むことです。例えば、「分数のたし算ができるようにする」「説明文の3段落を25字以内で要約できるようにする」「豊臣秀吉の功績を知る」など、授業後に評価できるようなものをあらかじめ明確にしておくのです。例えば、授業の最後に「分数のたし算を2問黒板に書きます。できた人から採点します。一人で解いてください。友だちに教えたり教えてもらったりしてはいけません。正解した人から休み時間です」と言って、その授業で教えた学習が分かっているかどうか点検します。①と②はセットです。1時間の授業で学力を保証していく授業作りを習慣にしましょう。

下手の考え休むに似たり

若い先生が遅くまで残って次の日の準備をしている姿を見ます。「何しているの？」と聞くと、「授業の準備をしています」と言って、教師用指導書とにらめっこしていることが多いです。教師用指導書が悪いわけではありませんが、一人で考えてすごいアイデアが出てくることはまれです。むしろ、書店に行ったり、同僚に聞いたり、インターネットで検索したりすると、名人と呼ばれた先生が行った面白い授業の発問・指示が見つかります。まずはそのまま授業してみましょう。「追試」と呼ばれる授業上達の方法の一つです。若い先生は、こうした授業のネタや技術の蓄積がありません。「いいなぁ」と思ったらたくさん真似て、子どもと楽しい授業をたくさん行いましょう。教育書を読んで視野を広げ、過去の実践から学ぶ習慣を身に付けましょう。

POINT

休み時間はしっかり遊び、授業を通して学力をつけよう。

3　3月の子どもの姿をイメージする

理想の子ども像

先生の子どもの理想像を挙げてください。どんな姿ですか？

例えば「優しい子ども」「元気な子ども」「たくましい子ども」のような理想像を出した先生はいませんか？　学校目標や学級目標でよく目にする言葉です。これはこれでいいのですが、抽象的です。ここで言う理想像は、もっと具体的に評価可能な姿です。

例えば、次のようなものです。

□　下駄箱に入れた靴がそろっている。
□　返事・あいさつが先生より先にできる。
□　教室移動や放課後、イスがきちんとしまってある。
□　テストの平均点が80点を超える。

□ 先生が急に不在になっても、自分たちで学習（自習）ができる。
□ 社会見学の後、「あいさつができる人！」と聞いて全員が挙手する。　など

これらは、誰が見ても客観的に評価可能なものです。

これらのように、今、担任している子ども（たち）が、3月にどんな姿になっているといいのか、思い描いておきましょう。できれば今、ノートに書いてみましょう。さぁ、どんな姿にしましょうか？

この理想像をもっているかどうかで指導が大きく違ってきます。なぜなら、理想像に向けて逆算して指導できるからです。

他の先生たちの授業を参観していると、自分の学級に比べて「子どもたちが落ち着いているなぁ」「素敵な学級だなぁ」「いい子どもたちだなぁ」と感じることがあります。でも、大抵は学級全体の様子をぼんやりとしたイメージでしか語れません。ところが、先ほどの具体的な理想像をもっていると、他の学級の子どもたちの姿も、具体的にどこがよかったのか、自分はどんな子どもを育てたいのかを考えながら観ることができ、先に挙げたような具体的な先生なりの理想像をつくっていくことができます。先生自身が思い描く理想像

を目指して、優しく、時には厳しく指導することができます。

優しすぎる先生を克服するためにも、先生たちの授業を参観した時は、自分の学級の子どもたちもこんな姿になるといいな、ということを書き留める習慣をつけておきましょう。

そして、できるだけ早い時期に、名人・達人と呼ばれる先生の授業や、素敵な学級をつくっている先生の学級を見せてもらうことをお勧めします。先生の理想像以上に子どもが成長することはありません。

2週間ユニット

「はぁ、疲れた……」「忙しいなぁ」「まだ宿題プリントの採点が終わってない……」「明日の授業どうしよう。まだ準備していない」こんな声を漏らしていませんか？

優しすぎる先生は、毎日の子どもとの対応に追われ、明日の授業の準備に追われ、常に何かに追われている感じがしているのではないでしょうか？　それが多忙感を生みます。

3月の子どもの具体的なイメージをつくったとしても、かなり先の話。どうしても明日の授業のことが気になります。そこで、次の期間に区切って考えるように習慣づけます。

2週間ユニット

指導する際には、2週間を一つのユニットにして考えていきます。「昇降口の靴をそろえましょう」「教室移動の時はイスをしまいましょう」といった生徒指導は、2週間という期間に絞って重点的に指導していきます。名文・名詩の暗唱や100マス計算など計算力をつける際も、2週間でどれだけできるようになるか取り組み、きちんと評価します。先生が授業進度を考える際も2週間分先までをユニットとして考えます。1週間では、週末に次の週のことを考えなくてはいけません。1か月では、同じ指導をするには長すぎますし、途中で指導計画が変わることがよくあります。2週間ユニットで学校生活を見通すことで余裕が生まれ、子どもたちと笑顔で接することができるようになります。

POINT

具体的な子どもの理想像を描こう。

4　ゆずれない一線を明確にする

厳しく叱る時の原則

優しすぎる先生の特徴として、「怒ることができない」があります（「怒る」・「叱る」について、本書では、アンケート等の子どもの声は「怒る」のままに、教師の言葉として「叱る」に表記します）。怒られない子どもたちが調子に乗って、どんどん悪さをしていき、真面目な子どもたちは、「怒らない先生」に愛想をつかしてしまいます。挙句の果てに、学級がうまくいかない状態になります。

また、叱る基準がブレる時に、子どもの信頼を失います。例えば、宿題を忘れた子どもに対し、普段は忘れない○○さんには「仕方ないなぁ、明日はちゃんとやるんですよ」と言った後、いつも忘れる△△さんには「今日はダメ！　休み時間やってください」と言ってしまった時です。「なんだよ！　○○さんばかりひいきだ」と思わせ、不満を抱かせます。

そんな時のため、あらかじめ叱る時の基準を作っておくと、先生が「叱ろうか、どうしようか……」という迷いがなくなります。お勧めが、野口芳宏氏の「先生が許さないこと三つ（叱る3原則）」です。

①生命に危険がある時。
②三度注意されて、反省・改善する様子がない時。
③他人の不幸の上に自分の幸せを築く時。

①は、子ども自身の危ない行動や他の子どもにケガをさせる恐れがある場合です。②は、「伸びる子どもは素直な子どもである」と野口氏は言います。③はズバリ「いじめ」です。「いじめは絶対ゆるさない」という姿勢を子どもに伝えることが安心感につながります。

読者の先生には、先生なりのゆずれない一線があるはずです。私はそんなに叱ることはありませんが、暴力行為があった時には、いかなる理由があっても叱ります。先生なりの「叱る三原則」をあらかじめ作ってみましょう。子どもたちも「これをしたら叱られるよ」と事前に気を付けます。先生自身も口うるさく叱ってしまうことを防ぐことになります。

私は叱る原則ではありませんが、「①昇降口の靴をそろえること。②返事・あいさつをすること。③教室移動の際にイスをしまうこと」を具体的な姿としてゆずれない一線にしています。加えて、普段の生活の中で「④全力を出すこと」として声をかけています。

ぜひ先生のゆずれない一線を明確にし、子どもに伝えることを習慣にしてください。

毅然とした態度と真剣さ

「叱っても子どもが真剣に聞きません」という悩みを抱く先生がいるかもしれません。優しすぎる先生は、すでに、子どもたちにとって「こわくない」状態になっている場合があります。こわさを出す必要はありませんが、厳しさはつくれます。言葉を短くし、端的に指導しましょう。具体的には、次のような言葉や態度で厳しさをつくることができます。

①言葉のトーンを落とす（低い声を出して指導する）
②話すスピードを落とす（ゆっくり話す）
③目に力を込める（真顔になる）
④断定的な言葉かけをする（〜だ。〜です。）
⑤命令・指示する（〜しなさい。〜してください。）

例えば、友だちに悪口を言った子どもに個別の指導をする場面を例にします。

「○○さん。□□さんにいやな言葉を言ったのは本当ですか？（①②③）それは、いじめの一つです。いじめは犯罪です。（④）やめてください。（⑤）いいですね（④⑤）」

放課後、子どもだけでお店に行っておやつを買っていたことを学級全体に話す場面です。

「みなさん、コンビニやスーパーに子どもだけで行ってはいけないことを知っていますね。（①②③）子どもだけでお店に入ると、いろんなトラブルの原因になります。（④）買い食い、友だちとおごったりおごられたりにつながります。万引きの誘惑もあります。子どもだけでお店に行くのはやめてくださいね（⑤）」

普段、優しいからこそ、こうした言葉かけによって毅然とした真剣さが伝わるはずです。

POINT

優しい普段の言葉づかいと、毅然とした言葉づかいを使い分けよう。

5 到達状況を確認する

全員をできるようにする

読者の先生、次のような言葉かけをしていませんか？

「跳び箱が跳べなくても大丈夫だよ。がんばろうとした気持ちが大事」
「この問題が解けなくても心配ないよ。いつか解けるようになるからね」
「発表の声が小さくてもいいからね。声が小さいのも個性だから」

このように「子どもなりの個性を大切にして、できないことがあってもよい」と考えていませんか？　優しすぎる先生は子どもを大切にするあまり、今の状況を受け入れたままにしがちです。今の子どもの姿を100点満点とする考え方は大事です。しかし、そこから120点、150点と教え、育てていくことの方が大切です。

斎藤喜博氏は、次のように言います。

どんなとべない子でも連れてきてくれれば、一五分で完全にとべるようにしてみせる自信を持っている。

『教育学のすすめ』（『斎藤喜博全集6　授業の展開　教育学のすすめ』国土社）

優れた先生は「全員が」できるようになるためにあらゆる工夫をします。「全員が跳び箱を跳べるようにしよう」「全員が逆上がりをできるようにしよう」「全員が九九を覚えられるようにしよう」「全員が該当学年の漢字を読めるようにしよう」と。誰一人として落ちこぼさないようにしようと考えます。むろん結果として全員をできるようにすることは難しいわけですが、最初からあきらめているわけではありません。優しすぎる先生は、まず普段から「全員ができるようにする！」という使命感をもつことを習慣としましょう。

できない子どもを把握する

先生の学級の子どもは九九を暗唱できますか？　私は6年生を担任しても九九ができるかどうかチェックします。プリントでテストしたり、個別に6の段や7の段を言わせたりして、全員ができているかどうか確認します。できていない子どもには給食の準備中に呼び出して九九を言わせて練習させたり、その子どもだけの宿題にしたりします。

学習内容に限らず、昇降口の靴がそろえられないのは誰か、イスを整えられていないのは誰か、名簿と照らし合わせて点検してみましょう。この作業をすると、ピンポイントで「おや？　□□さん、今日はちゃんと靴をそろえたね！　すばらしい」「○○さん。教室を出る前にイスをしまっておきましょうね」と評価することができます。子どもたちの具体的な事実をつかむために、実際に観察する方法と、帰りの会などで「今日、跳び箱が跳べなかった人は教えて」「今25m泳げる人は手を挙げて」と自己申告させる方法があります。

このように様々な到達状況を把握し、蓄積していくと、「○○さんは、運動は苦手だけど、基本的な生活習慣はできているな」と子どもの姿を多面的にとらえることができます。

一点突破・全面展開

先生の中には「指導することが多すぎて時間がない、手に負えない」と考えている方はいませんか？　子どもたちにいろんなことを指導しても、結果として何も変わらないことの方が多いのでは。そんなことを防ぐためにも、指導は次のように習慣づけましょう。

一点突破・全面展開

例えば、4月は重点項目として「昇降口の靴をそろえる」こと一つに絞ります。そして2週間、これに限定して指導していきます。まずは「靴をそろえることの大切さ」について話します。次の日は、「実際にこんな風に下駄箱に入れておくといいですよ」と具体例を示します。その次の日には、朝の会の前に、昇降口の様子を見て「今日は15人そろっていましたね。すぐにそろえることができるなんて素敵ですね」と声をかけます。こうした言葉かけを2週間、徹底的に指導します。靴がそろうようになった子どもは、不思議なもので、トイレのスリッパもそろえるようになります。教室のロッカーにもそろえて物を入れるようになります。一つの指導が他のことにも波及します。何か一つ、「これは！」というところに注力し、一つずつ全員ができることを増やしていきましょう。

POINT
誰ができていて、誰ができていないのか把握しておこう。

6 言葉を短くする

長く話せば分かってもらえるという誤解

優しすぎる先生の話は、長いです。授業中、勉強が分からない子どもにつきっきりで指導する場面を見ます。「できるように」と一人の子どもを相手にしているうちに、その他の子どもたちが退屈します。また、集団に話す時も、伝えたいことをあれもこれもと詰め込みます。例えば、寄り道をしないように帰りの会で指導する場面です。

「学校から帰る時は寄り道をせずに帰るんですよ。友だちと遊んで帰ってはダメですよ。それから友だちのお家に寄ったりしてはいけません。昨日、お家の人が心配して学校に電話があったそうです。夕方になって帰ってきたからよかったけど。あと、ちゃんと前を向いて歩かないと車が来て危ないから。横断歩道では手を上げて帰らないと……」

子どもたちは退屈して、最後の方は話を聞いていません。次のように心がけましょう。

短く、端的に話す

長く話せば話すほど、子どもたちは聞かなくなります。先の例なら、これで済みます。

「昨日、夕方5時に『学校からまだ帰ってこないんです』とお家の人から電話がかかってきました。学校を出たのが3時です。どうやら途中で友だちの家に寄って遊んでいたようです。事件・事故にあったんじゃないかと先生たちも心配しました。みなさん寄り道せずに帰りましょうね」

帰りの会ならこれで終わりです。指導すべき理由をエピソードで語り、指導する事柄をズバリ言っておしまいです。最後の「寄り道せずに帰る」だけなら5秒かかりません。「お家の人が心配していた」という具体的なエピソードを交えても20秒です。

一文を短くして、ズバリと言うようにしましょう。

子どもに合わせた話し方をしない

優しすぎる先生は、ゆっくり話している場合が多いです。例えば低学年の先生は、低学年の子どもが話すのと同じくらいか、それよりゆっくりの速さで話しています。

「いーいーですかー？　みなさーん……」

高学年の先生でも同じようにゆっくりと話をしている姿を見ます。子どもたちの家庭では、お家の方は日常生活と同じ速さで話をしています。多少ゆっくりかもしれませんが、子どもだからと言って、とりたててゆっくり話をしているわけではありません。先生も普段通りの速さで話しても大丈夫です。早口はまずいにしても、聞き取れなかったら子どもの方から「分からなかった。もう一度言って」と言われるか、子どもの表情を見ながら「もう一度言うね」と少しゆっくりめに話せば大丈夫です。

子どもに集中して話を聞かせるには、次のことが有効です。

声に緩急、大小、高低をつける

いつも同じ速さで、しかもスローペースになれば単調・冗長な話し方になり、子どもが集中しません。先の例を使うと「昨日、夕方……」と声のトーンを低く、ゆっくりと話します。「学校からまだ帰ってこないんです」は高い声の早口で話し、「とお家の人から……」では普段通りの話し方をすることで、子どもたちを集中させることができます。

話し方のコツ

私は学生時代、話すのが苦手だったため話し方の練習をしました。その中からここでは、二つ紹介しておきます。子どもにも大人にも話をする時は心がけていることです。

①エピソードで語る
②数字を加えて語る

先ほど載せた放課後の例もこのコツを使っています。

POINT

一文を短くし、端的に話そう。

7 環境を整える

教室をきれいにする

優しい先生には、きれいな教室が似合います。でも、優しすぎる先生は、子どもに丁寧に指導を注ぐあまり、教室環境まで目が行き届かないことがあります。

ここで言う教室環境とは、教室の掲示物のことではありません。次のことです。

掃除し、整理・整頓された教室

先生の教室はきれいですか? 放課後、子どもたちが帰った後の教室に行って、次のことをチェックしてください。

□ 机のたて、横がそろっていない。

□ イスが出しっぱなし。
□ 机の上に教科書やノート、ふでばこなどが置いたままになっている。
□ 床にノートの切れはしや消しゴムのちぎったカスなどゴミが落ちている。
□ ロッカーからあふれたものが床に落ちている。

とりあえず五つ挙げました。もし一つでも当てはまれば要注意です。子どものことに注視しすぎて、学級全体の様子が見えにくくなっています。これらは学級が荒れる前兆です。想像してください。朝、子どもが登校して1日をがんばろうとするスタートの段階で、教室が散らかっていたり、汚れていたりしていたら、学習の構えがつくれますか？　子どもが落ち着いて学習する環境にするために、教室はきれいにしておきましょう。

イエローハットの創業者である鍵山秀三郎氏は、「『人の心の荒み』を何としても減らしたいという猛烈な願い」から、たった一人で会社の掃除を始めました。その後、社員全員で掃除をするようになってからは、「掃除をして環境をきれいにしますと、職場の雰囲気が穏やかになります。穏やかな環境は、心の荒みをなくし、怒りを抑える効果があります」（鍵山秀三郎著、亀井民治編『掃除道』ＰＨＰ文庫、２００７）と言います。

教室も常にきれいな状態にしておくと、学級の雰囲気が穏やかになり、子どもの心の荒みをなくし、怒りを抑えることにつながります。

放課後の教室は情報の宝庫

私は放課後、一人で（時には日直の子どもと）教室の掃除をするのを習慣にしています。ほうきで掃くだけですが、途中机を整え、出しっぱなしのイスがあれば入れておきます。机の上に置いてあるものはイスの上に移動させ、机の上には何も置いていない状態にします。

優しすぎる先生はぜひ、放課後掃除をしてみてください。その日の子どもたちの様子を思い浮かべたり、教室全体を見渡したりすることができ、ちょっと視野が広くなります。そして、子どものいろんな情報を手に入れることができます。

①この子どもの机の周りはいつもゴミが多いぞ。
②イスが出しっぱなしの子どもは、昇降口の靴もそろっていないなぁ。
③あれ？　机に落書きがしてある！

教室掃除をしていると、ほこりや消しゴムの消しカスはそんなに気にならないのですが、ノートの切れはしやちぎった消しゴムの一部などは教室が汚れている感じにさせます。また、机の落書きから、授業中、集中していない様子が見つけられます。まれに、「なんでふでばこがこんなところに？」というものを発見することがあります。「物隠し」です。子どもの中で、友だち同士のトラブルやいじめがあることを早期発見することができます。

教室に季節の花を

教室に花を飾ってみましょう。私は教卓に小さな花瓶を置き、季節の花を飾っています。花をきっかけに「この花の名前なに？」と子どもと会話が弾むことがあります。また花瓶を割らないようにするのか、不思議と教室内で走り回る子どもが減ります。何しろ、心が穏やかになります。たった1輪でかまいません。優しい先生には花が似合います。

POINT
常に教室はきれいにしておこう。

8 子どもと子どもをつなぐ

子ども同士の関わりを作る

優しすぎる先生は、全部自分で教えようとします。第2章1で、先生の仕事は「教えること」と書きました。でも、先生が一方的に話をし、命令・指示で動かすだけでは、子どもたちは受け身になってしまいます。例えば自動車学校の先生は、自分一人だけで安全に運転できるドライバーを育てるのが仕事です。学校も、卒業する時には、先生の力がなくても自分一人で学び、生きていく力をつけさせたいです。

新型コロナウイルス感染症の流行を受けた緊急事態宣言によって、学校が休みになる時期がありました。その際、各家庭をオンラインで結んで学習を行った学校もありました。あの時、職員室で私たちは考えました。「学校に来なくても勉強はできるんじゃないか？」「学校に来ないとできないことってなんだろう？」と。その時に導き出したキーワードは、「友だち」でした。学校になぜわざわざ来るのか。それは、友だちと一緒に何かを考え、何かを作るためではないかと考えました。だったら、学校に来るからこそ、できる授業は一体何でしょう。私は、①友だち同士で教え合う学習、②複数の対立する意見を一つにまとめるための討論・話し合いの学習、③お互いの考えを直接交流するための学習、と考えました。タブレットの個人学習や電子黒板を用いての授業であっても、必ずこの三つの視点で授業を構成します。子ども同士の関わりを教えることも先生の仕事です。

先生が消える

優しすぎる先生は、いつも子どもたちと一緒にいようとします。例えば、休み時間などは、「ねえねえ、先生！」「なあに？」と先生が子どもの問いに答えています。ここで、子ども同士の関わりを作ってあげましょう。具体的には、次のような言葉かけで先生の周りにいる子ども同士をつなげるのです。

- (隣にいた) ○○さんは、どう思う？
- (遠目で見ていた) □□さんもこっちにおいでよ。
- そのタレントさん知らないなぁ。みんな知っている？　知らない人にも教えてよ。

他愛もない会話ですが、先生が司会をするように子どもの話をつなげていきます。そのうち、「へ〜、〇〇ちゃんそうなんだ」と友だちの話がつながっていくようになります。お互いのことを知ることで、学級内の人間関係もよくなります。

そして、子どもたちの話が盛り上がっている時、先生がわざと席を外してみましょう。「ちょっと職員室に用事を思い出したから、ごめんね」と言って、子どもたちだけにします。この間に、先生とだけなら話ができた子どもや、ちょっと遠巻きに見ていた子どもなどの新しい人間関係づくりのきっかけになります。また、先生がいないからこその話題も出て、盛り上がるはずです。心配であればすぐに戻って様子を覗いてもいいでしょう。

自主性・能動性を活用する

優しすぎる先生は、何でも先回りして子どもたちに失敗させないようにしてしまいます。子どもは失敗しながら成長していきます。子どもが「こんなことをしたいなぁ」「自分たちでできるよ」と思っている時は、次のような言葉で思い切って任せてみましょう。

「自分たちでできるかな？」「やってみる？」「任せていい？」「よし！　任せた！」

例えば、係活動で「先生、折り紙でハロウィンのかぼちゃのお化けを作ってきたんだけど、教室に飾りつけていい？」と聞いてきたり、「お楽しみ会でドッジボール大会がしたい」と先生に言いに来たりした時は、可能な限り、子どもたちの自主性・能動性を活用しましょう。子どもたちが「自分たちで何かをしたい！」と思った時は、子ども同士の関わりが生まれ、子どもが育つ時です。

優しすぎる先生は、「温かく見守る」という優しさを子どもに与えましょう。

POINT

子どもに任せ、温かく見守ってみよう。

9 ほめてほめてほめまくる

感情をコントロールする

子どもが苦手な先生に「すぐ怒る先生」があります。ここで言う「すぐ怒る」とは、「すぐ感情的になる」ことです。その時の感情に任せて「ちょっと！ 何やっているの！」「前に言ったでしょ！」などと指導してしまうことです。優しすぎる先生は、一歩間違えば、「感情的にすぐ怒る先生」になってしまいます。優しすぎる先生は、育ちがよく、小・中・高と優等生として過ごした方が多いようです。そうした先生が言うことを聞かないやんちゃな子どもに遭遇したら、「何でできないの！」「どうしてそんなことするの！」と感情的になってしまいがちです。ですから、次のことを特に意識しましょう。

感情的にならない

子どもたちは感情的になる大人が苦手です。むしろ、怒りの感情を上手にコントロールできる人を大人と思うのかもしれません。

中国古典『菜根譚』に「人の侮（あなど）りを受くるも、色に動かさず」（前集126）とあります。人間というものは感情で動く生き物です。その中でも怒りや悲しみ、憎しみといった負の感情は心を大きく乱し、周りにも悪影響を与えます。そこで中国では、指導者の立場につく人間に対して「喜怒を色に形（あらわ）さず」つまり感情を表に出さないことが求められました。先生も思い通りにいかない子どもに出会っても、冷静に感情をコントロールして指導にあたりましょう（洪自誠著、祐木亜子訳『ポケット菜根譚』致知出版社、2019）。

とにかくほめる

優しすぎる先生は、子どものよいところを見つけるのが得意なはずです。でも、見つけたことを言葉に出しているでしょうか。心に思っているだけでは子どもには伝わりません。ですから、「いいなぁ」「素敵だなぁ」と思ったことはどんどん声に出していきましょう。

・ほめて、ほめて、ほめまくる
・1日一人、一つほめる

まずは、とにかくたくさんほめてみましょう。できれば1日一人に一つはほめてあげたいものです。やんちゃな子どももいるかもしれませんが、とにかくほめるのです。「ほめることがありません！」という先生もいるかもしれません。そんな時は、「当たり前のことをほめる」のです。よく立ち歩く子どもがいたら、机に座っている時に「すごい！　〇〇さん、今日はちゃんと座っている！」と。授業中よくおしゃべりしている子どもが静かにしていたら「すごい！　しゃべらずにノートを取っている！」と。月曜日や天気が悪い日など、「よくみんな学校に来たねえ。休みたくなるでしょう」とほめることもできます。やりすぎると嫌味になってしまうので気を付けなくてはいけませんが、それでも何かほめることを見つけましょう。嫌なところはすぐ目につきますが、ほめる場所は意識しなくては見つけられません。人のよいところを見つけ、ほめることができるのは、先生の専門的な技術です。

今いるだけで100点満点！

私は社会人を経て教師になりました。学校の先生は、小学校・中学校・高校・大学を出て、そのまま学校という枠組みの中に教師として就職する方がほとんどです。先生という職業は「子ども」が必ずいて、話を聞いてくれるのが当たり前だと思ってしまいます。本当は、先生の話が面白いから聞いているわけではなくて、学校の授業という強制力の中で聞かせているのです。ですから、本当は話を聞いてくれたら、ありがたいのです。

英語で「現在」のことをPresentといいます。「贈り物」もPresentです。当たり前の現在・毎日を過ごしているのは、もしかしたら大切な贈り物なのかもしれません。目の前に子どもたちがいるだけで、かけがえのない贈り物なのかもしれません。目の前に子どもがいるだけで100点満点なのです。目の前に子どもがいることに感謝することを習慣にしましょう。すると子どものよいところが目に入ってくるはずです。

POINT

よいところを見つけ、ほめまくろう。

10 明るい笑顔で「ありがとう」と言う

笑顔と笑い

子どもたちは明るい先生が好きです。「明るさ」とは、先生の「笑顔」と置き換えることができます。先生が明るく笑顔でいると、子どもも自然と笑顔になります。

先生の笑顔は最高の武器です。

優しすぎる先生は、笑顔でいることが多いのではないでしょうか。ぜひ、その笑顔を続けてください。私は学生時代、目つきが厳しく、しかめっ面で、誤解を招くことが多くありました。ですから先生になった新規採用の年は、次のような練習を1年間していました。

①家で出発前に鏡に向かって笑顔で「おはよう!」と言う練習をする。

②車で出勤する途中「いいな」「きれいだな」「美しいな」と思うものを一つ見つける。

例えば、前日、子どもに厳しく指導した時は、先生の方がいやな思い出を引きずっています。子どもの方は忘れているにもかかわらずです。ですから、翌日は一度リセットして新しい朝を迎えようと心がけていました。優しすぎる先生も、優しすぎるがゆえに、子どもたちとうまくいかないこともあるでしょう。そんな時こそ、意識的に笑顔を作りましょう。きっと先生の笑顔は、子どもの笑顔を連れてきます。最近は「広山先生はいつもにこにこしているよね」と言われるようになりました。最初は意識していたのが、いつのころからか笑顔でいることが当たり前の状態になります。

「ありがとう」は優しさをつなぐ

「孫の代まで残したい言葉」というアンケート（60代以上の男女300人に聞いた）がありました。その第1位は「ありがとう」でした（参考：佐藤幸司編著『とっておきの道徳授業Ⅳ』日本標準、2005）。優しすぎる先生自身は「ありがとう」という言葉を発しているかもしれませんが、教室全体で「ありがとう」と言える習慣づくりをしましょう。社会科の授業名人として知られる有田和正氏は、プリントを配布する時に次の約束をしていました。

①プリントを渡す時は「どうぞ」と言う。
②プリントをもらう時は「ありがとう」と言う。

この「どうぞ↓ありがとう」の実践で、教室に「ありがとう」があふれます。私も4月にこの約束を話します。この約束が浸透すると、「配り係」がノートを配る時なども「どうぞ」「ありがとう」というやり取りが生まれます。また、テストを返す時は、先生の「どうぞ」に対して「ありがとう」と言わせることで、個別に点検することができます。

私は時々、帰りの会で「今日は『ありがとう』って何回言えたかな？ 10回言えたかな？」「今日『ありがとう』って言ってもらえた人！」と聞きます。そして「うれしいね」「幸せになるよ」などと話し、よい雰囲気で「さようなら」のあいさつをします。

たった一言の「ありがとう」が子どもと子ども、先生と子どもの関わりを生みます。

「ありがとう」は「めったにないこと」

「ありがとう」の言葉の語源は諸説ありますが、お釈迦様の「有り難し」を紹介します。

人の生を受くるは難く　やがて死すべき者の　今命あるは有り難し
（『法句経』182）

「人が生命を受けることは難しく、必ず死ぬことになっている者が、今たまたま命があるというのは、めったにないことだ」という意味です。「ありがとう」は、「めったにない」という意味です。日本では、室町時代以前、神様に対して使われていたようです。当時は、人の力では成就しにくいことが成就した時、「ありえないことが起きた」というのを「ありがたし」と言っていました。「ありがとう」は神様への感謝の言葉だったのです。

こう考えると、「ありがとう」を普段たくさん言っている人には、神様が味方してくれる気がします。子どもの姿を見て、当たり前のことに対しても「ありがとう」と感謝する習慣があれば、子どもも学級もよりよくなっていくのは間違いないですね。

POINT

たくさん「ありがとう」と言ってみよう。

Column

「優しさ」を活かした学級づくりネタ❷

ちょっと聞かせてアンケート

子どもの現状を知るために、次のようなアンケートを月に1回程度行います。短時間でできます。

名前（　　　　　　　　　　）
①いま　こまっていることはありませんか？
（　　）ある　・　（　　）ない
②まわりに　こまっているひとはいませんか？
（　　）いる　・　（　　）いない

聞くことは二つだけ。○印をつけるだけです。

「ある」「いる」に○印をつけた子どもには、休み時間、個別に呼んで「何に困っているの？」「誰が困っているの？」と優しく詳しい事情を聞きます。他愛もない心配事もありますし、いじめに関わる問題もあります。簡単なアンケートを通して「先生に聞いてほしかったけど言えなかった」という子どもを救うことができ、安心感を与えます。

第3章

これならうまくいく！「優しすぎる先生」の場面別指導術

CASE 1

靴をそろえられない

Situation

　昇降口の下駄箱に自分の靴がそろえて入っていません。投げ入れたように靴がひっくり返っていることもあります。

みんないろんな靴をはいているなぁ。なんだか靴がそろっていないけど、下駄箱に入っているから、そのままでいいよね。

≪

見えるところを整えよう

昇降口は「学校の顔」とも言える場所です。一声かけるだけで、短時間で整えることができ、指導の結果が出やすい場所です。

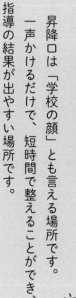

昇降口は「学校の顔」

①思いついたら、すぐ一言

昇降口の靴がそろっていなくても何の問題もありません。優しい先生にとっては、むしろ注意することによって、子どもとの関係が悪くなることの方が気になってしまうかもしれません。でも大丈夫。朝、昇降口の様子を見て、朝の会で優しく一言伝えるだけでいいのです。1～2週間、重点的に取り組むだけで、指導の成果がすぐに見えてきます。

最初の指導は次のように、靴をそろえることの大切さを伝えます。

「今日は、昇降口の靴がちょっとそろっていなかったなぁ。家の玄関は『お家の顔』と言われます。お客様が最初に見る場所なので、そのお家の第一印象になるからです。学校の顔は昇降口になりますね。いろんな人が見た時に、いい印象を与えたいですね」

実際に「靴をそろえる」とはどういう状態を言うのか、確認しておくとよいでしょう。

靴のかかとの部分をピタッと次のページの写真のようにそろえておくと、意図的にそろえていることが見えやすいです。その後は、次のように思いついたときに確認しましょう。

「朝、学校に入る前に靴をそろえたかな？」

「休み時間に校庭で遊んだ人！　靴はそろえてあるかな？」

普段から気が付いた時に声をかけるだけで、靴をそろえることが当たり前の子どもになります。

②〇人そろっていたね

昇降口の靴の指導は、先生が状況を意識的に見取れば、すぐそろうようになります。

「朝、昇降口を見てきたけど、今日は15人の靴がそろっていたね。すばらしい！」

「今日は20人になっていたよ。だんだんそろえる人が増えてきてうれしいな」

「〇〇さん、今日そろっていたね！　できるようになったね！」

昇降口の靴は置き場所がはっきりしており、誰がそろっていて誰がそろっていないのかすぐ分かります。子どものよい変化にも気付きやすく、ほめるネタがすぐ見つかります。

③〇〇さんがそろえてくれていたよ

昇降口の靴をそろえることを学級で指導していると、

「〇〇さんの靴がそろっていなかったから、そろえておいたよ」

「先生！　みんなの靴をそろえておいたよ」

と、自分の靴だけでなく、友だちの靴をそろえてくれる子どもが出てきます。こうした子どもには「ありがとう！」と感謝を伝えるとともに、

「みんな！　〇〇さんがみんなの靴をそろえてくれたって。うれしいね」

と教室のみんなに伝えるだけで温かい雰囲気になります。

そのうち、自分の学級だけでなく、隣のクラスの子どもたちの靴をそろえたり、昇降口全部の靴をそろえたりする子どもも出てきます。

中には、特別な支援が必要な子どもなど、なかなか指導が定着しにくい子どももいます。そういう子どもには「先生がそろえておいたよ。次はそろえようね」「そろってなかったから、今、そろえておいで」などと話し、気長に成長を待ちましょう。

CASE 2

イスを入れない

Situation

教室移動の時や帰りの会であいさつをした後、イスが出しっぱなしになったままの子どもがたくさんいます。

またイスが出しっぱなしになっているなあ。仕方がない。私が出ているイスを入れておいてあげよう。

<<

一声かけるだけで、教室が美しくなる

イスをしまうのは、行動の終わりを意識することになります。誰もいない教室であってもイスがしまってあると、整っていて美しく見えます。

イスが整うと心が整う

①毎日の心がけ

教室移動や放課後「さようなら」と言って帰った後など、子どものイスが出しっぱなしになっていることがあります。優しすぎる先生は、「仕方ないなぁ」と言って子どものイスを先生がしまってあげています。いつも先生が教室を整えていては、子どもにイスをしまう習慣が身に付きません。

イスが出たままの教室はだらしなく、落ち着かない感じになります。また、イスが出しっぱなしになっていると、通路として通りにくくなってしまいます。

イスを入れることは習慣です。機会があるたびに声をかけていきましょう。

「教室を出る時は、イスを入れておいてね」

先生の伝え方は、なんでもかまいません。とにかくしつこく伝えることです。

「理科室へ班ごとに移動しましょう。班の人全員のイスがしまってあるか確認してね」

「理科室から教室に戻ります。理科室のイスも整えておいてくださいね」

「イスを入れてから帰りましょうね」

「昨日は35人中32人がイスをきちんと入れて帰っていました。すばらしいですね」


いろいろな言葉かけでイスを整えるようにしていきましょう。

②一点突破

イスを入れる指導は、見てすぐ分かり、結果も出やすいので、優しすぎる先生にも指導しやすい場面です。ただし、すぐに意識してイスを入れることができるようになる子どもがいる一方で、なかなかできない子どももいます。これは、昇降口の靴をそろえる時と同じで、子どものこれまでの生活環境によって変わってきます。ですから、次のことを心がけましょう。

しつこく続ける

子どもの不十分なところが目につくと、その都度いろんなことを指導してしまいます。その中から、先生が「これは！」と思ったところを徹底的にこだわって指導することで、子どもたちの生活が変わっていきます。

特に、昇降口の靴をそろえることやイスを入れることは、すぐに効果が出やすい指導場面です。とにかく一点突破です。

③友だちのイスを入れてくれる子どもの存在

学級全体でイスを入れるように指導していると、「先生！　○○さんのイスが出しっぱなしです」と教えてくれる子どもが出てきます。「本当だね。入れておいてあげよう」と話します。そのうち、出しっぱなしになっている子どものイスを入れてくれる子どもが出てきます。そうした子どもに「ありがとう」と感謝の言葉を伝えるとともに、出しっぱなしだった子どもにも「イスを入れてなかったから、誰かが入れてくれていたよ」と伝えます。「えっ、誰ですか？」と聞いてくるでしょう。名前を教えてもかまいませんし、秘密にして「誰だろう？」と、知らない誰かがしまってくれたという優しさに気付かせることもよいでしょう。

CASE 3

あいさつ・返事をしない

Situation

あいさつや返事が小さい声です。廊下ですれ違ってもあいさつをしない子どもがいます。

あいさつの声が小さいなぁ。注意してもすぐに大きな声にはならないだろうし、声の大きさも子どもの個性だからそのままでいいか。

まずは先生からあいさつしよう

あいさつ・返事は第一印象を決めるコミュニケーションの一つです。あいさつ・返事の声一つで子どもの様子を察することができます。

あいさつで心と心の糸を編む

①まずは先生から

先生と子ども、どちらが先にあいさつをしていますか？

優しすぎる先生は、子どもに笑顔であいさつをしていることでしょう。

子どもから元気な反応が返ってくればうれしいのですが、そうでない場合もあるのではないでしょうか。そんな時、優しすぎる先生は、（どうしたのかな？）と考えることはあっても、指導することはなかなかできません。

でも大丈夫。あいさつは、とにかく先生からです。

先生よりも先にあいさつしてくる元気なあの子も、何の反応も示さないあの子も、先生の声はちゃんと届いています。


「おはよう！」「おはよう！」

「おはよう！」「……おはようございます」

最初は声の大きさなんて気にしなくて大丈夫。毎日、あいさつをしていれば、必ず子どもたちに変化が訪れます。その時に「今日のあいさついいね！」「素敵なあいさつ、ありがとう」と一声添えるだけであいさつがだんだん上手になっていきます。

②あいさつ・返事の練習をしよう

優しすぎる先生にとっては、個別に「あいさつの声が小さいよ！」などと指導することを苦手に感じているのではないでしょうか。

そこで、学級全体で練習してみましょう。

「あいさつ（返事）で大事なのは、とにかく大きな声です。聞こえないと伝わりません。先生の後に続いてやってみましょう。『おはようございます』『おはようございます』いいですね。その調子でもう1回！」

練習のコツは、3回繰り返すことです。

声が大きければ「いいねぇ、もう1回聞かせて！」とほめます。声が小さければ、「まだまだ出るでしょう？」「今の声よりも2倍出してね」と励まします。

あいさつ（返事）がきちんとできない子どもは、あいさつ（返事）の声を出したことがない場合がほとんどです。教室で声を出す回数を増やしてあげましょう。

③あいさつの意味を教える

優しすぎる先生にとって、「やり直し！」「もう1回！」と端的に言うのはちょっと……と思っているのでは。そこで、優しく「あいさつ・返事」の意味を語ってあげましょう。


みなさんは、「あいさつ」を漢字で書けますか？「挨拶」と書きます。

これは、どんな意味があるのでしょうか。

「挨拶」の「挨」には、「迫る・近づく・押し合う」という意味があります。

「挨拶」の「拶」には、「すり寄る」という意味があります。

挨拶とは、人と人とが近づくことです。

あいさつをすればするほど、友だち同士、みんなと先生の心が近づきますね。

「返事」は、「返」の字から分かるように相手に返すという意味です。

呼ばれたら「聞こえていますよ」とか「分かりました」とか相手に応えてあげるのが返事です。ですから、聞こえないと意味がないですよね。

CASE 4

整理・整頓ができない

Situation

ロッカーや机の中にいろんなものを詰め込んでいる子どもがいます。学習に必要なものがすぐに出てきません。

ロッカーや机の中の整理・整頓ができてないから、「整理・整頓しようね」と言っておこう。

整理・整頓する時間をつくる

整理・整頓は習慣です。できない子どもには整理・整頓する時間をつくり、どのような状態にすればいいのか一緒に作業し、教えてあげましょう。

みんなで一緒に片付けよう

①週に1回、片付けの時間

整理・整頓が苦手な子どもは、「整理・整頓しようね」と声をかけても「分かった！」「後でやるよ」と返事をするだけで、実際に整理・整頓をしません。優しすぎる先生は、子どもの「分かった！」「後でやるよ」という返事をそのまま信じてしまいます。言われてすぐに整理・整頓する子どもであれば、机の中やロッカーの中がぐじゃぐじゃになるわけがありません。

そこで、学級みんなが整理・整頓する時間を設けます。

「机の引き出しを出しましょう。今からみんなで整理・整頓をします。整理・整頓ができた人は見せてください」

私は1週間の最後、金曜日の帰りの会（さようならのあいさつ）後に行うことが多いので、「合格した人から帰りましょう」とチェックしています。そのまま机の上に引き出しを置かせたまま帰らせています。机の上に合格した子どもの引き出しがあるのは、整理・整頓が苦手な子どものモデルとなるからです。

学級の実態に応じて、朝の時間でもいいですし、授業が早く終わった休み時間の前でもいいでしょう。整理・整頓する時間は子どもによってまちまちです。普段からきれいにしている子どもは一瞬で合格します。後の時間に余裕がある時に行うのがコツです。

②一緒に片付ける

整理・整頓が苦手な子どもは、とにかく時間がかかります。過去のプリントやテストが机の奥底からいっぱい出てきます。たくさんのプリント類を見て立ち往生。ここで優しい先生の出番です。一緒に片付けてあげましょう。

「テストはすぐにもって帰らないとね」
「これは毎日使うものじゃないからロッカーでいいよね」
「これはすててもいいかな?」

などと、片付け方を言葉にしながら一緒に作業をしましょう。

③ロッカー内の置き場を指定する

机の中に比べて、教室の後ろにあるロッカーは整理・整頓の様子がすぐ分かります。散らかっているロッカーが多いと教室の印象がよくありません。机の中に比べて頻繁に整理・整頓することはしにくいですが、こちらも定期的に整理・整頓する時間をつくりたいです。

ロッカーの整理・整頓が苦手な子どももいるので、4月の段階でロッカー内の荷物の置き場所をきちんと指定しておきましょう。例えば、以下のようなものです。低学年であれば、置き場所を決めてあげることで、何がどこにあるのか安心でき、整理・整頓にもつながります。

学校・学級の実態にもよりますが、ロッカーの位置も席替えと同じように定期的に場所を変えることによって自然と整理・整頓ができます。

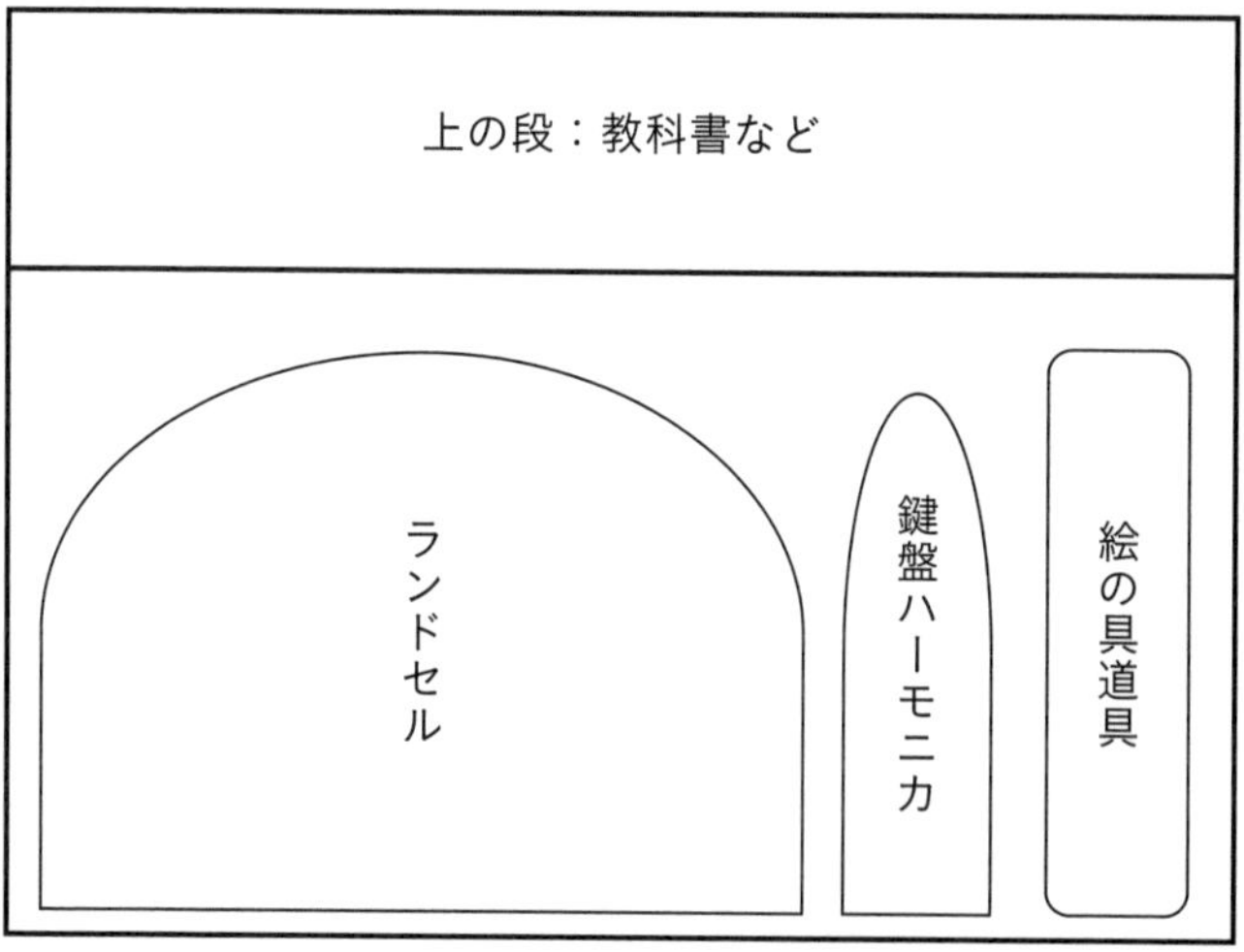

CASE 5

落とし物が多い

Situation

教室に鉛筆や消しゴムなど、いろんなものが落ちています。落とし主を聞くものの、持ち主があらわれません。

「落とした人はいませんか？」うーん…持ち主がいないなぁ。まぁ、いつか持ち主があらわれるだろうから、落とし物入れの中に入れておこう。

<<

すべてに名前を書かせる

落とし物に名前が書いてあれば、すぐに持ち主に返すことができます。名前を書く時間を学校で設けましょう。

第3章

これならうまくいく！
「優しすぎる先生」の場面別指導術

落とし物はその場で解決

①落とし物入れを作らない

「先生、これ落ちていました」と言って先生のところにたくさんの落とし物が集まってきます。「ありがとう」と言って先生が預かったはいいものの、優しい先生の机の上には、落とし物がいっぱい乗ったままということがあります。教室によっては、落とし物入れがあり、その中には鉛筆、消しゴムをはじめ、いろんなものが入っています。中にはもう使えないんじゃないかなという小さな消しゴムまで入っています。優しすぎる先生は、誰のものか分からない落とし物を処分できずに、ずっとためたままにしてしまいがちです。いつの間にか落とし物入れがゴミ箱のように見えてきます。

そこでまずは、次のことから始めてみましょう。

落とし物入れを作らない

落とし物が出た時には、すぐに「これは誰のですか？」「取りに来なかったら処分しますよ」「ごめんなさいね。かわいそうですが処分します」と言って預かってしまいましょう。ちぎった消しゴムのような明らかに使えないものは、すぐにゴミ箱行きです。

使えそうな落とし物はいったん先生の手元に置いておき、1か月に一度や参観日の前に箱に入れて、みんなに見えるように掲示します。「今週中に引き取り手のないものは、処分します」と言って本当に処分してしまいましょう。

②落とし物は近くの人に聞く

落とし物があると、子どもは真っ先に先生のところに持ってきます。優しい先生はすぐにそこで預かってしまうのですが、落とし物は、落ちていた場所の近くの誰かが落とした可能性がとても高いです。ですから、落とし物を持ってきたら次のように問い返します。

「近くの人に聞いてみた？」

↓「いいえ」

「それじゃあ、近くの人に『落とさなかったかな？』って聞いてごらん」

大抵、これで落とし主の元に返ります。

③定期的に名前を書く時間をつくる

落とし物が出てくるのは、名前が書いていないからです。その落とし物の大半は、ふでばこの中身です。ですから、定期的にふでばこの中身に名前を書く時間を設けましょう。次のような流れで名前を書くとスムーズです。

(1)ふでばこの中身を全部出す（ふでばこの中を掃除する）
(2)名前が書いてあるものをふでばこに入れる
(3)名前が書いていないものに、名前ペンで名前を書いたらふでばこに入れる
(4)早く終わったら、ふでばこ以外の道具の名前を確認する

持ち物には自分で名前を書くのが当たり前だと思っていますが、そうでもありません。低学年のころは、名前をお家の人に書いてもらっているはずです。中学年以上であっても新しい文房具に自分で名前を書く経験がない子どももいます。まずは学校で「自分の物には自分で名前を書く」という経験をさせることが大切です。

CASE
6

姿勢が悪い

Situation

授業中、姿勢が悪い子どもがいます。注意してもなかなかよい姿勢が保てません。

姿勢が悪いなぁ。よし「姿勢を正しなさい！」と声をかけよう。よい姿勢の見本も教室の前に掲示しよう。

≪

よい姿勢を経験させる

悪い姿勢は、腰骨を立てることで正すことができます。そのためには、ハードとソフトの両面から指導していきましょう。

よい姿勢はハードとソフトから

①腰を立てる

言葉で「よい姿勢をしましょう」と言っても、どんな姿勢がよい姿勢なのか分かりません。優しすぎる先生は、たくさん「よい姿勢をしましょう！」を連発してしまいます。また、教室の前に「お腹にグー、背中にパー、足はピタッ」といった掲示物を貼って満足してしまいます。もちろんこれで悪くはないのですが、実際に子どもの姿勢がよくなったという話はあまり聞きません。それは、先生の指導が形だけ、いわゆるハードの部分のみになっているからです。掲示物は姿勢を確認するハード面の指導です。

もう一つ、よい姿勢にするポイントを伝えます。

腰（腰骨）を立てる

昭和の哲学者・教育者である森信三氏は「これ（立腰）が人間の一生において、一番大事」とし、「心を立てようと思ったら、まず体を立てなければならない」と言いました。

姿勢の悪い子どもに対しては、低学年であれば先生がそっと腰に手を当ててあげることで背筋がピッと伸びます。優しい先生だからこそなせる業です。余計な指導の言葉はいりません。変化があれば「姿勢がよくなったね」と声をかけるだけで十分です。

ちなみに姿勢を正す立腰の方法として、次のように説明できます。

(1)お尻をイスの後ろに引く（背もたれは使わない）
(2)腰骨を前へ突き出す
(3)おへそ（お腹の下）に力を入れ、肩の力を抜く

②姿勢を正すよさを伝える

形から入る方法ともう一つ、姿勢がよくなると、どんないいことがあるのかを伝えます。低学年であれば、形から入るだけでいいかもしれませんが、高学年になってくると、それだけでは姿勢がよくなりません。

そこで、姿勢を正すと次のようなことがよくなるという話をします。

「姿勢を正すとどんないいことがあるか分かりますか？　実際にいい姿勢をして計算問題を解くと、『何だか気合が入った』という人もいましたね。具体的には次のようなことが言われています。『⑴やる気が起こる、⑵集中力が出る、⑶持続力がつく、⑷頭がさえる、⑸内臓の働きがよくなる』などです。確かに姿勢が悪いと、内臓がおなかの中でグジャッとつぶれた状態ですものね。それではみなさん、姿勢を整えてみましょう」

このように、正しい姿勢のよさもソフト面として伝えていきましょう。

一方で、姿勢をよくするには、身体を正しく保つための筋肉が必要です。腹筋や背筋など体幹に力がついていない子どもも増えていますので、学力とともに体力もつけていきましょう。

CASE 7

持ち物がそろわない

Situation

学習用具や文房具をいつも忘れている子どもがいます。持ち物がそろわないので学習進度に遅れが出ます。

また忘れ物かぁ。なかなかそろわないなぁ。仕方がないけど、仲良しの友だちに貸してもらうようにお願いしよう。

<<

締め切りを早めにしておく

学習用具を3日前にはそろうように、早めに準備させておきます。万が一のために教師が予備を用意しておきましょう。

次、忘れないための手立てをしておく

①締め切りは早めに

算数の時間、分度器を使っての授業が始まりました。そんな中、ぼーっとしている子どもがいます。先生が「どうしたの？」と聞くと「忘れた」と言います。こんな時、優しすぎる先生は、特に何も指導せずに、「仕方ないわね」と隣の子どもに貸してあげるようにお願いしたり、先生が貸してあげたりします。忘れ物をしないための指導をしておきたいところですが、忘れた子どもに優しく接することが大切と考えてしまうのが、優しすぎる先生の甘さです。忘れ物を貸してあげた近くの友だちの迷惑になる場合もあることを知らなくてはいけません。

本来であれば、持ち物が全員そろった状態で授業をスタートしたいところ。

そこで優しい先生ならではの指導法です。事前に

「来週から算数の時間に分度器を使います。今週中に持ってきておいてくださいね」

と伝えます。そして翌日すぐに、

「もう分度器を持ってきている人は手を挙げてください。早いですね。すばらしい！　まだの人は来週の水曜日に使うので、用意をしておきましょうね」

そして3日前に、次のように念を押しておきます。

「いよいよ明後日、分度器を使います。まだの人はいますか？　連絡帳に赤鉛筆で書いておいてくださいね」

優しく、前もって声をかけるだけで十分です。

②連絡帳や付箋に書く

どんなに指導しても、持ってくるのを忘れてしまう子どももいます。何も指導しなければ、持ってくることはありません。そこで、次のような手立てをします。

「連絡帳に赤鉛筆で書いたら、先生のところに持っておいで」

と話して、赤鉛筆で書いたところを四角囲みしてあげましょう。「これで連絡帳を見たら思い出すね」と話します。

連絡帳がなかったり、連絡帳自体開く習慣がなかったりする場合は、付箋に書いてランドセルの内側に貼っておきましょう。ちょっとおしゃれだったり、かわいかったりする付箋にすると、子どもはランドセルを開きたくなります。低学年であれば、その付箋をお家の人に見せてあげることでしょう。

③十分な数を準備しておく

子どもに忘れた物を貸す時も、すぐに貸してしまっては忘れ物が減ることはありません。そこで、子どもたちに必ず約束をしておきましょう。

(1)忘れ物をしたら必ず先生のところに言いにくる
(2)どうしてほしいのか言う
(3)連絡帳に書く

その上で「次から忘れないようにね」「今日だけ特別だよ」「仕方ないなぁ。先生の1個1万円の高級分度器を貸してあげよう！」などと声をかけてあげましょう。

CASE
8

先生がいない時に騒がしくなる（自習ができない）

Situation

急な保護者への連絡や来客などで教室を空けてしまう場合があります。そんな時、いつも騒がしくなってしまいます。

電話をかけていたら授業におくれちゃった。あれ？　廊下まで話し声が聞こえる…。それより授業を早く始めなくちゃ。

<<

静かにしていた子どもに注目する

騒がしい中にも必ずきちんと自習していた子どももがいるはずです。その子どものことをきちんとほめてあげましょう。

先生がいない時が子どもの実力

①きちんと自習している子どもに注目する

先生が授業時間中ずっと教室にいればいいのですが、現実にはそうはいかない場合があります。例えば、子どもの具合が悪くなった時、早退するために保護者に迎えをお願いする電話をかけることがあります。その間、教室に先生がいません。職員室から教室に向かう途中、自分の教室からワイワイとにぎやかな声が聞こえてきます。

優しすぎる先生は、先生がいない時も、子どもたちで何とかしてくれると思っていることが多いので、こんな時どうするのか、という指導をしていないことが多いです。

さて、教室に入った時、先生はどんな子どもたちの姿に目が行きますか？

さすがに優しすぎる先生も「しゃべっていたのは誰！」「なんで立ち歩いていたの！」と怒ってしまいそうです。もしくは、怒ることもできずに「すぐに授業をしましょう」と見て見ぬふりをしていませんか。

ここは優しすぎる先生の出番です。この教室には一人で静かに立ち歩かずに先生との約束を守って自習をしていた子どもがいるはずです。

「○○さんたちはきちんと自習ができていたね。すばらしい！」

「先生がいない時の姿が今のみなさんの実力です。自習がちゃんとできた人は力がついている証拠です」

すると、騒いでいた子どもは、この先生の言葉を聞いて、「次からちゃんとしよう」と思うはずです。

このように、きちんとできていた子どもに着目しほめてあげましょう。

②すぐに授業を始める

優しすぎる先生にとっては、ビシッと大きな声で指導することは難しいことでしょう。ですから、騒いでいるような不適切な行為・行動には着目せずに、授業をさっさと始めてしまいましょう。

教科によって違いますが、フラッシュカードを用いてテンポよく授業を進めたり、黒板に復習の問題を数問書き「ノートに写して解いてください。1分です」と言ったりします。すぐに声を出したり、作業をさせたりすることで、教室を落ち着かせることができます。

その後、

「さっきの教室の様子はどうだったかな？」

と問いかけることで、穏やかに指導をすることができます。

③自習の仕方を教えておく

「自習をしておいて」と子どもに言っても、自習とは何かが分かっていなければ、立ち歩いたり、おしゃべりをしたりしてしまいます。そこで、あらかじめ「自習の仕方」について約束をしておきます。例えば次のような約束です。

(1)一人でする
(2)静かにする
(3)立ち歩かない

この約束を守っていれば、後は子どもにお任せしましょう。

CASE 9

Situation

「○○さんが掃除をさぼっています」という報告が入りました。掃除時間に仕事をせず、ぼーっとしているようです。

掃除をさぼっている

掃除時間は自分の教室を見ていたから、その場を見ていないなあ。とりあえず「ちゃんと掃除するんだよ」と声をかけておこう。

<<

個別の指導と学級指導の両面から

掃除の方法や掃除をすることの意義を教えます。実際に掃除する心地よさを感じさせましょう。

掃除をすると心もきれいになる

①個別に指導

掃除のシステムは地域や学校によって違いがあります。掃除をさぼっている現場を見かけることができれば、優しい先生であっても「ちゃんとやろうね」と声をかけることができます。一方で、先生とは違う場所でさぼっていたことを他の先生や子どもから聞いた場合、同じように「ちゃんとやろうね」と声をかけるだけになりがちです。結果、何も変わらず、さぼることが常態化してしまいます。

(1)実際に見に行く

優しい先生だからこそ、さぼっている子どものところまで見に行ってみましょう。その子どもがどんな掃除をしているのか、こっそり観察してみましょう。先生の姿はバレてもかまいません。先生が見にきているということを知らせることが大事です。

「先生が見にきてくれた」と気付かせることで、さぼっている子どもは「ちゃんと掃除しよう」と思うものです。

⑵子どもを呼んで指導

先生が子どもの様子を見た上で、次のように話します。

「○○さんちょっとおいで。掃除のことなんだけど」「掃除、きちんとできていますか？」

↓「できている」

「でも、班長さんや先生から、掃除をさぼっているって言われているよ」

↓「やっているよ」

「○○さんは、ぞうきんだったね。それじゃあ、そのぞうきんでどれだけ汚れを取ったか見せてもらうね。持っておいで」

↓「えっ!?」

「一生懸命掃除をしていたら、掃除している証拠がぞうきんに残っているはずだよ」

このように、ちゃんと掃除をしている状態を具体的に伝えながら、指導しましょう。

②全体に指導

⑴掃除は自分たちでするもの

掃除の大切さについて、朝の会や掃除の前に学級全体に話をしておきましょう。

「みんなのお家は誰が掃除をするの？」

↓「お家の人が掃除をする」

「そうだよね。隣の人がやってきて掃除をしてくれないね」

↓「うん」「当たり前だよ」

「みんなは○○小学校だよね。○○小学校に落ちている汚れは、自分たちが汚したんだよね。だったら誰が掃除をするのかな？　隣の△△小学校のみんなが掃除をしに来てくれることはないよね。自分たちの場所は自分たちが掃除しようね」

⑵掃除をすると気持ちがよくなる
「汚れたところを掃除したら、どんな気分になる？」
　こんな風に子どもたちに聞いてみましょう。「気持ちよかった」「すっきりした」という声が上がるはずです。掃除などは、実際にやってみて分かることがあります。「そうだよね～」と共感することで、さぼっている子どももやった雰囲気に巻き込むことができます。きっと「自分も掃除をしてみようかな……」という気持ちになるはずです。

CASE
10

給食の残飯が多い

Situation

給食の時間が終わって片付けを始めると、たくさんの子どもが食べ残し、残飯が大量に出てしまいます。

給食は私も嫌いなものがあるんだよね。だから好き嫌いは仕方がないよね。残したいものがあれば、無理せずに残してもいいよ。

<<

残してもいいが感謝の気持ちは忘れずに

今の時代、給食を無理やり食べさせません。でも、作ってくれた方への感謝は忘れないようにしましょう。

残さないように量を調節する

①最初に自分で調節する

給食の配膳やおかわりのルールなど、優しすぎる先生は子どもに任せがちです。優しい先生とはいえ、きちんと給食のルールをはっきり決めておくことが大事です。

一方で、給食の残飯が残ることについては、今の時代、無理やり食べさせることもできません。すると、残飯がだんだん増え、「こんなに残すのはなんだかもったいないなぁ」という思いになってしまいます。だからといって、何も手立てを打てないのが優しい先生ゆえの悩みになります。

そこで、残飯を減らす工夫をしてみましょう。それが自分の食べる量は自分で調節するというやり方です。

(1)全員同じ量で盛り付けをする
(2)食べる前に、残さずに食べられる量に自分で減らす

⑶残った給食は、もっと食べたい人で分ける
（原則、減らしていない人。それでも残る給食があれば減らした人も増やす）
⑷「ごちそうさま」までに、全員が食べきることを目指す

後で残すのではなく、あらかじめ自分で完食できる量に減らしておきます。子どもは自分がどれだけ給食を食べられるのか、案外知りません。減らしたのに残してしまったり、減らしすぎておかわりしたり。それでも何度も調節していくうちに、だんだん自分で食べられる量に気付きます。最後に残す量が減ると、結果的に残飯も減っていきます。

②みんなで完食を目指す

全員が給食を残さず食べることは無理です。一人ひとり体格が違えば、食べることができる量も違います。

ただし、給食を作ってくださった方への感謝の気持ちも忘れてはいけません。

「みんながおいしく食べて元気になるように作ってくださっているんだよ」
「一人ひとりにとってほしい栄養を考えて作られているんだよ」

などと声をかけておきましょう。

「食べられなかったら、残していいよ」だけでは、なんだか申し訳ありません。

そこで、学級全員で残飯を減らす取り組みのアイデアを示します。

⑴減らした分はどこかで増やす

①のルールに加えて、次のように話してトータルで出る残飯の量を減らしていきます。

「残してもいいけれど、他に食べられるものがあったら、その分食べてね」

「まだ食べることができるという人は、来てください。みんなで残飯を減らそうね」

⑵先生が配る

おかわりをしたい時は、配膳台の所に各自で取りに来させることが一般的でしょう。たまには先生が食缶をもって歩いてみてはどうでしょう？

「おかわりほしい人いませんか？」「もう空っぽだけど、どうですか？」などと声をかけて教室を歩いていると、「それじゃあ、ください」と声をかけてくる子どももいます。高学年の女子になると、おかわりをすること自体恥ずかしいと思う子どもも出てきます。そうした子どもは、先生が配りに回ると食べてくれます。

CASE 11

配布物をいい加減に配る

Situation

プリントを配ると、後ろの子どもまで届いていなかったり、床に落ちていたりします。

全員にプリントを配ったのに、どうして「ありません」という子どもがいるんだろう。まぁ、予備のプリントを渡してあげよう。

≪

「どうぞ」「ありがとう」で確認

プリントを配る時に「どうぞ」「ありがとう」と言いながら手渡しをします。声をかけ合うことでいい加減に配ることを防ぎましょう。

声を出して確認する

①「どうぞ」「ありがとう」

優しい先生だからこそ、教室には幸せな言葉をあふれさせたいものです。

プリントは列ごとに座っている人数分を配ることが多いでしょう。「後ろの人に配ってね」と1枚ずつ取らせて、後ろに残りのプリントを渡します。すると、子どもたちは何も言わずに渡したり、体は前を向いたまま、手だけ後ろの人が取れるように渡したりと、いい加減になっていきます。そこで、（82ページでも述べた通り）毎日プリントを配る際に、次の言葉を言いながら配るように指示します。

・渡す時には「どうぞ」と言う
・プリントをもらったら「ありがとう」と言う

たったこれだけです。

プリントが全員にきちんと渡るだけでなく、学級全体が温かい感じに包まれます。

一度、丁寧に「どうぞ」「ありがとう」と渡す練習を確認しておきましょう。毎日やっていると、この言葉が習慣化します。すると、友だちに何かを渡す時にも「どうぞ」「ありがとう」という声でのやり取りが生まれ、学級全体が優しい感じになります。

慣れてきたら、次のようにバージョンアップしても面白いです。

「今日は、『どうぞ』『ありがとう』を英語でやってみようか！」

『Here you are（ヒア・ユー・アー）』『Thank you（サンキュー）』

他にも先生なりのアレンジで、言葉の優しさあふれる学級をつくってみてください。

②名前を呼んで配る

「あいさつ」「返事」のところでも「返事」の大切さについて書きました。先生の教室には、「配り係」という係があるでしょうか。朝提出した宿題のプリントやノートを返却する係のことです。私の教室には返却用ボックスがあり、そこに置いてあるプリントやノートは配り係が配ることになっています。机に置いていくだけですが、誰の机がどこにあるのか分からない時があります。そんな時は、次のように話しています。

・場所が分からなかったら「○○さん」と呼ぶ
・名前を呼ばれたら「はい！」と返事をする

名前を呼ばれたら、返事をします。すると、どこに座っているのかすぐに分かります。そして「どうぞ」「ありがとう」というやり取りが生まれます。配る時に、座っている人がいても「○○さん」「はい！」「どうぞ」「ありがとう」という一連の流れができます。名前が入るだけで、ますます優しい雰囲気の学級になっていきます。

また、先生がテストを返却する時も、返事と「ありがとう」の約束を決めておきます。

「採点は先生がするでしょ。だから『採点してくれてありがとう』という意味で、『ありがとう』と言ってテストをもらってくださいね。それでは配ります。○○さん」

「はい！」

「どうぞ。がんばったね」

「ありがとうございます」

CASE
12

Situation

休み時間に体育館でドッジボールをしている子どもたち。チャイムが鳴って教室へ。でもボールが出しっぱなし。

遊び道具を片付けない

楽しそうに遊ぶのはいいけれど、ボールが出しっぱなしだなぁ。授業に間に合うように急いで帰ったなら仕方がない。片付けておいてあげよう。

<<

使ったものは自分で片付けをする

使ったものは原則として使った人が片付けます。きちんと片付けをしたかどうか、点検しておきましょう。

使った人が片付ける

①一旦、預かる

休み時間が終わった後、体育館や校庭にボールが落ちたままになっていることがあります。教室にはトランプや本が出しっぱなし。「使った人は誰ですか？」と聞いても誰も名乗り出てきません。そこで優しい先生は、「仕方ないなぁ」と言いながら片付けてあげてしまいます。片付けるのはいいとしても、いつも先生が片付けていては、子どもに片付ける習慣が身に付きません。

そこで厳しく言う必要はありません。片付けていないものについては

「預かっておきます」

こう言うだけでかまいません。「取り上げる」と言うと厳しくなりますが、一時的に預かるだけです。次の休み時間、例えばトランプが使いたかったら、その時に「私が片付けていませんでした」と名乗り出てくることもあります。

また、トランプがないことを不思議に思う子どももいます。そんな時は、次のようなやり取りで個別の指導をしましょう。遊び道具は大抵、同じ子どもが使っています。「先生、トランプはなくなったんですか?」と聞きにきた場合は、「今、預かっています。使いたいの?」と問いかけます。「だったら、片付けできる?」と確認したうえで、トランプを手渡ししてあげましょう。このやり取りが、片付けができる状態をつくります。

その他の道具であっても、一旦「預かっておく」ことで優しく指導ができます。

②自分たちで声をかけあう

誰が片付けなかったのかはっきり分かる場合は「今、ボールが校庭に出たままだから片付けておいで」とその場で片付けさせます。また、「次、ルールが守れなかったらボールを禁止するよ。それでもいい?」と事前に伝えておいてもよいでしょう。

遊び道具を片付けていない場面を見つけた子どもには、「きまりを守っていない人がいたら教えてあげてね」「見て見ぬふりは、悪いことをしているのと同じだよ」「言いにくかったら、後で先生にこっそり教えてくれてもいいからね」などと話しておきます。その上で、「気が付いたら片付けてあげてね」と話しておきます。

③連帯責任にはしない

遊び道具の片付けができていない状態が続く時に、「今日から○○禁止！」と言うことがあります。優しい先生であっても、個別に指導するよりも学級全体に指導する方が楽なので、「ボールが出しっぱなしだったから今日からボールを使うのを禁止します」と言いがちです。

でも、一律に学級全体の遊び道具を禁止するのは危険が伴います。なぜなら、遊び道具の片付けとは無関係の子どもがいるからです。そんな子どもにとっては、先生への不満をためる要因になります。しかも、「あいつのせいで使えなくなった」という気持ちから、友だちを責めてしまいます。また、実際にボールを片付けなかった子ども自身も「わたしのせいで使えなくなってしまった…」と負い目を感じさせてしまいます。

連帯責任を取らせるのは、今の時代にはそぐいません。「禁止」という罰で子どもたちを動かすのではなく、子どもたちのよい姿・よい行動を見て、それを多くの子どもに広げていく指導をしていきましょう。優しい先生にはこちらの方が向いています。

CASE
13

授業開始時刻を守らない

Situation

休み時間が終わって授業開始のチャイムが鳴ります。でも、遊びに夢中になっていて、まだ席に座っていません。

休み時間、友だちとよっぽど楽しく遊んでいたんだね。それもいいことだな。チャイムが鳴っているから早く座ってね。

«

時間を守ることは一般常識

時間を守るということは、学校内外に関わらず社会人としての常識です。それぞれの発達段階に応じて、きちんと指導しましょう。

時間通り進める

①すぐに授業を始める

チャイムが鳴っても教室に帰ってきていない子どもがいます。優しすぎる先生は、「みんなが帰ってくるのを待ちましょう」と、授業の開始を遅らせてしまいます。すると、きちんとチャイムと同時に席に座っていた子どもたちは、「私たちはちゃんと時間を守っているのに…」とだんだん不満がたまってきます。

時間を守っていない子どもたちは、時間通りに教室にいる子どもたちの時間を奪っていることに気付いていません。先生もまた、授業をちゃんと受けたいと思っていた子どもたちよりも、時間を守らない子どもに意識が向いてしまっています。

そこで、席に着かない子どもを待たずに、そろっている子どもたちとさっさと授業を始めてしまいましょう。遅れてきた子どもには、

「もう時間になったので授業を始めています」

と声をかけるだけで、急いで席に着くはずです。

②45分はきちんと授業する

遅れてきた子どもに、次のように声をかけます。

「遅れてきた人たちは、みんなの学習する時間を奪っているんですよ」

「授業時間は45分と決まっています。遅れた人は今から45分間を計ります。その分、次の休み時間は短くなります」

4月の最初の授業で全員に話しておけば、1年を通した約束になり、授業時間に遅れることの抑止にもなります。すでに4月を過ぎていても、「今日はちょっと遅れる人が多いので、これから時間を守ることの大切さについて話します」と説明してもいいでしょう。

③時間を守る大切さを伝える

(1)規範意識を高める

学校で集団生活を送るのであれば、時間は守らなくてはいけません。

低学年であれば、時計の図で時間を示したり、2年生ならことあるごとに時計の見方を教えたりします。高学年であれば、集団宿泊訓練や修学旅行の事前準備として、5分前行動やチャイム着席など、集団生活の当たり前の約束として教えます。

「時間が過ぎていますよ」

「大人になったら社会人の基本ですよ」

⑵休み時間の使い方を説明する

授業の準備は、前の授業が終わってすぐにさせておきましょう。

「休み時間は次の授業の準備の時間でもありますよ」

「次の授業の教科書・ノートを準備した人から休憩しましょう」

次の授業の意識が生まれます。

⑶遅れた理由を確認する

授業に遅れてきた子どもには、「どうしましたか？」「何かあった？」と声をかけておきましょう。もしかしたら具合が悪くて保健室に行っていたかもしれません。他の先生のお手伝いをしていたかもしれません。毎回、声をかけていると、「遊んでいました。すみません」と子どもの方から言うようになります。

CASE
14

友だちの発言を茶化す・ひやかす

Situation

友だちが発表すると「え〜」「絶対ちがう！」などと発言を茶化したり、ひやかしたりする子どもがいます。

友だちの発表は聞いてくれているんだけど、反応が悪いよね。でも、話し合いの流れを止めたくないし…。

その場で指導

放っておくと、発表する気が失せてしまいます。流れが止まったとしても、瞬時に先生の気持ちを伝えましょう。

先生の気持ちを伝える

①「なんかいやだな」

授業中、子どもが発言している時や発言し終えた時に「え～!?」「ちがうよ！」と言ったり、授業とは関係のない笑いのネタにしたりする子どもがいます。

優しすぎる先生は、こうした子どもに対して、話し合いの流れを優先して、流してしまうことが多いです。不適切な発言に注目しないことはよいことです。ただ、いつも同じように発言を茶化したり、ひやかしたりすることがあるようなら、その場で指導しましょう。

こうした子どもの発言に対して、素直に先生の思いを伝えてしまいましょう。

「なんか、いやだな」

「今の言葉、いやな感じ」

ただこう言うだけで十分です。

茶化したりひやかしたりする子どもには伝わっています。

す。

②「今、誰の番?」

友だちの発言の最中に口を挟んだり、茶化したりするようであれば、次のように話します。

「今、誰が話す番ですか?」

「今、○○さんの話している最中です。話し終わるまで聞いていてください」

話し合いをする時のコツにもなりますが、意見を発表している子どもには最後まで話させます。その後、反対意見や賛成の付け足し意見などを発表させます。

茶化したり、ひやかしたりする子どもは、話している最中に邪魔をすることが多いです。そうさせないためにも先生が一言、指導しておきましょう。そして発表が終わったら、

「おまたせしました。□□さんの番ですよ。話していいよ」

と意図的に茶化していた子どもにふります。すると大抵は「いえ、いいです」などと言い、発言に困ってしまうでしょう。

③「真面目に言ってる?」

子どもによっては、発言を茶化したり、ひやかしたりするのとは別に、意見を発表する時にウケをねらって笑いを取ろうとする子どももいます。最初からウケをねらったり、笑わせようとしたりする意見であれば、学級全体の授業の雰囲気を壊してしまいます。そこで、こうした発言が出た時は、次のように答えます。

「真面目に言ってる?」
「今の意見は、真面目な意見?」
「それ、授業に関係ある?」

先生が授業に関係ない発言と感じたら、すぐに対応しましょう。茶化したりひやかしたりする言葉がなくなると、子どもたちも安心して発言できるようになります。

CASE
15

私語が多く、話を聞かない

Situation

先生が話をしていても隣の友だちとがやがや。友だちが話をしていても、下を向いていて話を聞いていません。

話をしているのに私語がうるさいな。私の話がつまらないのかな。友だちの話も聞いてないなぁ。邪魔するわけじゃないから、まぁいいか。

話を聞く指導をきちんと行う

指導のほとんどは音声言語による伝達です。先生や友だちの話を聞く具体的な指導をきちんと行いましょう。

話を聞く技術を身に付ける

①話を聞くための型

子どもが話を聞く時は、面白い話か、自分に興味・関心がある話だけです。学校の授業でいつもこんな話ができているわけではありません。それでも優しすぎる先生は、話を聞かない状態を「自分の話がつまらないからだ」「授業が面白くないからだ」と自分のこととして受け止めがちです。また、友だちが意見を言っている時に話を聞いていない子どもがいても静かであれば、何も言わずにそのままであることが少なくありません。

そこで、どんな話であっても、授業中の聞く指導をきちんとしておきましょう。

例えば、次のように聞き方について指導します。

今、先生が話をしているでしょう? でもみんなが本当に話を聞いているかどうかは分からないよね。だって頭の中は見えないでしょう? でも、先生には見えるんです。それはみんなの姿から見えるんです。

一つ目は「手」です。まずは手に何も持たずに聞いてみましょう（高学年になると、メモしながら書く力もつけていきます）。

二つ目は「目」です。必ず話している人の方を見ましょう。目と目を合わせるようにするんですよ。

三つ目は「対応」です。相手に「聞いているよ」という合図を送ってみましょう。例えば、うなずいたり、相づちを打ったりします。


この後、教室の四隅に座っている子どもに自己紹介など何か話をさせ、話を聞く子どもたちの体の向きや対応の様子について指導します。隣の友だちとペアをつくって、話をする側と話を聞く側に分けて役割演技をさせることも有効です。上手に話を聞いているペアの子どもは、みんなの前で紹介し、模範としてもいいですね。

②話を聞く3ステップのレベルアップ

優しすぎる先生にとって、その場その時子どもたちの言動に対して指導するのは難しいことでしょう。だからこそ、みんなに向けて話を聞く指導をしていきます。

次は、話を聞く指導のレベルアップです。話を聞くには三つのレベルがあります。

レベル1　友だちの話を聞く
レベル2　頭で聴く
レベル3　心で聴く

レベル1の「友だちの話を聞く」は、①でも示した通り、先生や友だちの話を音声として耳から聞き入れ反応する聞き方です。

レベル2の「頭で聴く」は、友だちの話を自分の考えと一緒かな？　違うかな？　と考えながら「聴く」聞き方です。「感想はありませんか？」と聞いたらすぐに答えられるレベルです。

レベル3の「心で聴く」は、表情も加えて「聴く」レベルです。具体的には「瞳」を見れば分かります。「瞳を開いて聴いてごらん」と子どもたちに伝えてもいいかもしれません。

子どもたちに「レベル3を目指してみない？」と声をかけて、私語のない話の聞ける学級をつくっていきましょう。もちろんそのためには先生の授業力向上も欠かせません。

CASE 16

立ち歩く（離席する）

Situation

授業中、ふらっと立ち歩いてしまう子どもがいます。じっとしていることができず、集中力がありません。

あれ？　○○くん立ち歩いている。どうしたんだろう。ロッカーに置いてある文房具を探しに行ったのかな。だったら何も言わなくていいか。

≪

10分や15分のユニットをつくる

45分の授業を魅力的にすることが大事です。一方で、小さな授業の組み合わせを通して長時間机に座っていられる力をつけましょう。

発達段階を見極めて対応する

①低学年の対応

子どもが立ち歩くのは、いくつかの原因があります。まずは低学年での対応です。

入学当初の1年生や2年生では、集中力が45分間もたず、なかなかじっとしていられない子どもが多いです。優しすぎる先生は、「低学年だから仕方がないわ」とそのままにしたり、「きちんとさせなくちゃ！」と姿勢を正すことに躍起になったりします。

入学前の幼稚園・保育園は基本的に自由な活動です。時間割があるわけではありません。仮に生活の流れがあったとしても、子どもたちの動きを見て先生や保育士さんが必然性に沿って決めていきます。1年生の場合は、少しずつ小学校の生活に慣れさせ、夏休みを目標に長期的に取り組みましょう。

いきなり45分というのは、経験したことのない子どもたちにとってはかなりの長時間に感じます。途中で立ち上がったり、立ち歩いたりするのも無理はありません。ちょっとずつ長い時間の学習ができるように、具体的には、授業を次のように考えてみましょう。

授業を10分から15分で一つの学習内容にする

授業を三つ程度に分割します。10分から15分程度の授業を組み合わせた授業の展開です。例えば、新出漢字の学習＋音読＋教科書などです。最初は15分×3だったのを、20分＋25分や15分＋30分と徐々に延ばしていきます。一つひとつの間にちょっと休憩を入れ、少しずつ立ち歩かずに集中できる時間を延ばしていきましょう。

②特別な支援が必要な子ども

ふらっと立ち歩いてしまう子どもの中には、ＡＤＨＤなどの診断を受けていて、特別な支援が必要な子どもがいます。診断を受けていなくても、グレーゾーンと言われる子どももいます。そうした子どもには、次のような対応をしてみましょう。

(1)「どうしたの？」と声をかける

叱る必要はありません。その子どもなりの理由があって動いています。「色鉛筆がロッカーのランドセルにあるかなと思って行こうとしました」などと言われたら、「授業前に確認しておこうね」「授業中、突然立ち歩くと先生もびっくりするから、手を上げてね」

などと話します。

⑵視覚支援を行う

次のような約束をノートに貼ったり、机の上にカードのように貼ったりします。

「授業中の約束」①立ち歩かない　②声を出さない　③困った時は手を上げる

発達段階に応じて、絵で表してもよいでしょう。

⑶ちょっと休憩

特別な支援が必要な子どもに限らず、授業の一区切りや全体的に疲れた雰囲気があった時には、ちょっとした運動をしてみましょう。

「みんなちょっと一休み。手を上げて、伸びの運動！」

「ちょっと一回立ってみましょう！　肩を回しましょう」

午後のちょっと眠くなってきた時や夏の前の暑くなり始めた時など、立ち歩きたくなる前に先手を打ちます。

CASE 17

教科書を開かない・開けない

Situation

授業が始まっても教科書を開いていない子どもがいます。「○ページですよ」と念を押しても開かない子どももいます。

○○さん、また教科書を開いてないなあ。「教科書を開きましょうね」って大きな声で言うとみんなに聞こえるからいやな気分にさせちゃうかな。

一緒に確認する

教科書を開かないのは、学習への構えができていないのです。教科書に向かう学習への意欲を高める工夫をしましょう。

教科書を開くのは学習の構えをつくること

①レベル１「教科書が置いてある」

授業が始まっても、教科書を開いていない子どもがいます。ほとんどの子どもは教科書を開いて学習を始めています。優しすぎる先生は、周りの子どもに注目されることがかわいそうだと感じて「○ページですよ。開きましょう」と言えないことがあります。ここは、きちんと「○ページを開いてね」と言いきりましょう。教科書を開かずにぼーっとしている方がかわいそうです。

こうした子どもは学習の構えができていません。授業に身が入っていないと言ってもいいでしょう。そもそも、授業開始と同時に机の上に教科書を出していたでしょうか。

まずはここからです。

次の授業の教科書・ノートを机の上に出す

教科書がすぐに開けない子どもは、「教科書を開きましょう」と言われてやっと教科書を準備し始めます。授業が始まってから、教科書を準備していては遅いのです。前の授業が終わった時に、次のように声をかけましょう。

「次の国語の教科書とノートを出した人から休み時間にしましょうね」

慣れてくるまでは、授業を早めに終えて、次の授業の準備をしてから授業終了のあいさつをしてもいいかもしれません。早めに習慣化させましょう。

②レベル2「すぐ開く」

教科書がすぐ開ける子どもは、先生の話をきちんと聞いています。ですから、先生の指示ですぐに教科書の○ページを開くことができます。教科書が開けない子どもは、話を聞いていません。ですから、開いていない子どもには遠慮せずに指示を出しましょう。

「○○さん、教科書を開いてください。○ページですよ」

他にも、次のようにいろいろ工夫して声をかけましょう。時には一緒に開いてあげることも大切な関わりになります。優しく関わることが学習への構えのきっかけになります。

「一緒に開くよ。自分で開いてごらん」

「隣の人も教科書を開いているかな? 確認してごらん」

「何ページを開くのか、聞いていたかな? ○○さん、言ってごらん」

③レベル3「すでに開いている」

教科書を開かない子どもは、レベル2の教科書を準備する段階へ。レベル2の子どもはレベル3の段階に導きます。レベル3とは次のように、学習の主体性が高い状態です。

授業前に今日勉強するページを開いている

先生の指示がある前に、「きっとこのページを勉強するだろうな」と考えて開いている状態です。頭の中に授業のイメージができていて、予習ができているのと同じです。全員が教科書をすぐに開けるようになっていれば、レベル3の話をしてみましょう。

CASE 18

意見を言わない

Situation

　授業中、同じ子どもばかり発表していて、おとなしくて意見を言わない子どもがいます。挙手もしません。

授業中、手を上げて発表するのは同じ子ばかりだな。でも、いい姿勢で話を聞いているし、発表できないのも性格だよね。

まずは意見をもたせる

意見が言えるようになるにはステップがあります。まずは、自分の意見をノートに書かせましょう。

意見が言えるのは経験値

①意見が言える3ステップ

優しすぎる先生は、意見が言えないことを個性のようにとらえ、無理やり発言させないことが多いようです。でも、本当でしょうか。休み時間に子どもの様子を見たら、授業中に意見が言えない子どもも大きな声でキャッキャ言って騒いでいる場面を見たことがありませんか？　先生が指導しないことによって、意見が言えない子どもは、ずっと意見が言えないままになってしまいます。そして学級は、意見が言える子どもと、意見が言えない子どもの二極化が進んでいきます。

意見が言える・言えない子どもをよく観察すると、次ページの三つのステップに分けることができます。

特に意見が言えない子どもは、B段階の子どもと、C段階の子どもに分けることができます。意見が言えない子どもはB段階なのか、C段階なのか見極めてみましょう。

A段階の子どもを増やすことが授業の話し合いを活発にさせます。でも、C段階の子ど

発表できる	A段階	意見をもっていて、発表できる
発表できない	B段階	意見をもっているけど、発表できない
	C段階	意見をもっていないので、発表できない

もがいきなりA段階に行くことはありません。C段階の子どもはB段階に、B段階の子どもはA段階にと、その子どもに応じて指導していきましょう。

②選択肢を示す（C段階の指導）

C段階の子どもは、自分の意見がもてない子どもです。授業中、話し合いの時にぼーっとしている子どもがいませんか？　そもそも自分の意見をもっていないので、話し合いに参加できません。

そこでC段階の子どもには、選択肢を示してあげます。

「Aだと思いますか？　Bだと思いますか？」
「①②③のどれが正解だと思いますか？」
「今の意見、○か×か、どっちかな？」

このようにノートに書いて選ばせます。悩むようなら、鉛筆を転がして決めてもかまいません。立場を決めることによって、考える習慣が生まれます。もちろん理由が書ける子どもには、理由を書かせましょう。これはC段階の子どもに限らず、学級全員に意見をもたせることにもつながります。

③意見を言う回数を増やす（B段階の指導）

B段階の子どもは、単に経験不足です。意見を言わない理由として「恥ずかしい」「間違えるのがいやだ（こわい）」などと言います。これは、勇気のなさや過去の失敗した経験が原因です。意見の言える子どもだけを相手にしていると、B段階の子どもはますます意見を言う力を伸ばすチャンスを失ってしまいます。次のような手立てで指導していきましょう。

- 話し合いの前に、ペアやグループで意見を言う機会を増やす
- 挙手によらない意図的な指名で、ノートに書いたことを読ませる
- 選択肢で示した立場を「Aの人手を上げて」と挙手する機会を増やす

CASE
19

Situation

テストやノートを見ていて、何が書いてあるのか読めない字があります。雑に書いていたり、薄かったりします。

字を丁寧に書かない

うーん…。この字、なんて書いてあるんだろう？　読めないなぁ。きっとこの字だな。○○さんの字も読めるようになってきたぞ！

相手意識を持たせる

字を何のために書いているのかを意識させましょう。読んでもらう人がいるのなら、相手を思い浮かべながら書かせましょう。

誰が読むのか気付かせる

①誰に読んでもらうのか

字が丁寧でなくても、優しすぎる先生は、なんとかその子どもの字を読もうと（解読しようと）します。子どもにとっては、その字で読んでもらえたので、今後も字の丁寧さを変える必要がありません。たまたま先生が優しくて、字を読み取ってくれただけで、他の人だったら読めなかったかもしれません。字を書く時は誰が読むのかを意識させましょう。

もしも調べ学習の際に、自分のノートにメモして後の活動に役立てるのであれば、字が丁寧である必要はありません。後で読むのは自分なので、自分が読めればいいのです。

ただし、テストや感想文など先生に読んでもらう場合は、読んでもらうための字で書かないといけません。ここはきちんと次のような言葉かけで指導しましょう。

「先生がつい○をつけてしまいたくなるような字で書いてね」

「お家の人がびっくりするような字で書いてね」

「パッと見て読めなかった字は、○をつけませんよ」

②必要に応じて書き直す

社会見学や地域講師に対してのお礼の手紙では、誰が読んでも読める字で書かないといけません。優しい先生であっても「これは読み取ってもらえないよ」と言って書き直しをさせましょう。

子どもが字を雑に書くのは、速く書こうとするからです。一つの文字を書いた後すぐに次の文字に移ってしまうため、字が流れてしまいます。「丁寧に書きましょう」と言っても、子どもにとっては「丁寧ってどういうこと?」と思わせてしまいます。

そこで1か所だけ丁寧に書かせます。

字の最後の画を丁寧に書く

字の最後の画は「とめ」「はね」「はらい」のどれかになります。この部分を丁寧に書かせると、文章全体が丁寧な印象になります。

③書写の宿題

低学年に限らず、書写の宿題を出してみましょう。

1年生向けのひらがなのお手本を配り、「あいうえお」の練習をさせるのです。

具体的には次のような宿題になります。

(1)五十音順の「あいうえお」の5文字をノートに書く
(2)翌日、「とめ」「はね」「はらい」やバランスを見て合格か不合格か判定する
(3)合　格→翌日の宿題は「かきくけこ」の5文字をノートに書く
　不合格→もう一度「あいうえお」を書く
(4)これを繰り返し、最後の「ん」まで書けたら、クリア！

他にも、教科書の中から短い文章を視写させ、字のバランスや濃さを調節する練習をさせます。優しい先生だからこそ、一人ひとりの字を大切にして、丁寧な字で書けるように指導しましょう。

CASE
20
机や教科書に落書きをする

Situation

ふと気が付くと教科書に落書きをしています。放課後、子どもの机を見たら、そこにも落書きがされていました。

あっ落書きをしている！　でも、授業の邪魔をしているわけじゃないから、いいか。私も落書きをされないような授業をしなくちゃ。

≪

机は借りているという意識をもたせる

落書きは見つけたらすぐに消させます。机の落書きは他の場所への落書きへ転移します。机は公共のものであると教えましょう。

落書きは集中力をそぐ

①落書きは消す

机や教科書の落書きを見て、優しすぎる先生は、授業の邪魔をしないからいいか、と放っておいてしまいます。また、落書きが上手だったら「上手に書いているね」とコメントしてしまいます。

そもそも落書きはよくありません。きれいな環境の中で学習に取り組ませましょう。机は今年1年間借りているものです。次のような話をして落書きをしないことを前提としておきましょう。


「今、みんなが使っている机は誰のものですか？」

↓「ぼくの」「私のもの」

「学校のもの」「みんなのもの」

「この机は、正式には『学校のもの』です。今は、みんなが貸してもらっているのです。

その机に落書きをしていいのかな？」

↓「いけない」

「そうですね。今は、３年生のみんなが使っているけれど、みんなは来年何年生になりますか？」

↓「４年生」

「この机は何年生が使うのでしょうか？」

↓「３年生かな？」

「今使っている机を去年も使っていた人はいますか？　いませんよね。来年もきっとこの教室を使う３年生が使うでしょうね。その次も、その次も。新しい３年生が使う時に、落書きがあったり、落書きが消してあってもなんだか黒っぽくなっていたりするのを見たらどう思うかな？」

↓「いやな気持ちになる」

「そうだね。来年の３年生のためにも、机には落書きをせず、きれいに使ってあげようね」

②教科書は大切に使ってほしいという願いが込められている

教科書は、配られたから自分のものという印象があります。確かに無償配布されるものです。でも、大切に使わせるために、教科書の後ろに書かれている次の文章を読んであげましょう。

この教科書は、これからの日本を担う皆さんへの期待をこめ、税金によって無償で支給されています。大切に使いましょう。

税金という言葉は低学年には難しいかもしれませんが「大人がお金を出し合って、みんなのために教科書をプレゼントしてくれている」と伝えてみましょう。教科書を大切にしようとする意欲が湧くはずです。

なお、低学年など、お絵かきがしたい子どもたちはいます。きちんと自由帳などを用意させ、そこには好きなだけお絵かき（落書き）ができるように、書いていい場所といけない場所を分けてあげましょう。

CASE 21

よくけんかをする

Situation

よくけんかが起きます。口げんかだけでなく、たたいたりけったりということも起こります。

あっ、けんかだ！　すぐに止めなくちゃ！　どうしてけんかなんかするのかな！　みんな仲良くしなくちゃいけないのに……。

≪

けんかも成長には不可欠

みんなが仲良く過ごすのは理想ですが、けんかによって学ぶべきこともあります。まずは子どもの中で解決させます。

けんか両成敗

①仲裁に入るか、任せるか

優しすぎる先生は、けんかが起きたら「私がなんとかしなくちゃ！」と考えてしまいがちです。子どものけんかに先生が入って、お互いが仲直りするところまで面倒を見ようとします。その際、子どものけんかに入り込みすぎ、「先生はあっちの言うことばかり聞いて」「もういいからほっといてよ！」と先生に対する不満に変わってしまうこともあります。ここでは二人が対等な立場でのトラブルととらえ、いじめとは分けておきます。

子ども同士のけんかは、先生がどこまで仲裁に入るのか、その見極めが肝要です。けんかは子どもの成長のためには必要です。自分中心の生活から周りの友だちとの関わりが増えてくれば、自然と考え方の違う友だちに出会います。そこで自分の主張を通そうとすれば、必ず意見の相違が生まれます。学校はそこをどうやって乗り切っていくのかを学ぶ場でもあります。大けがにつながらない程度であれば、言葉は悪いですが放っておきましょう。けんかした子どもには、それぞれ次のように聞いておきます。

「先生に何かしてほしいことはありませんか？」

子どもから「仲直りを手伝ってほしい」と訴えかけてきた場合、手伝ってあげるとよいでしょう。大抵は「大丈夫です。自分たちで何とかします」ということがほとんどです。

②お互いの言い分をしっかり聞く

低学年など、けんかで興奮していておさまりがきかない時、優しい先生のための対応の原則を、けんかの仲裁場面で示します。

「どうしたの？　何があったのか教えてちょうだい」

↓Ａ「Ｂさんが悪口を言ってきた」

↓Ｂ「うそだ！　ぼくは言ってない！」

「今はＡさんの話を聞いているからね。Ｂさんには次に話を聞くから待っていてね。Ａさん続きをどうぞ」

※途中で相手が口を挟もうとしても「今は〇〇さんの番ね」と最後まで話をさせること

が大事です。

「今、Aさんから話を聞いたんだけど、これで合ってる？　言いたいことがあればどうぞ」

↓B「ぼくは悪口を言ったんじゃなくて、ちょっとあだ名で呼び捨てにしただけだもん」

「あだ名を言ったの？　なんて言ったの？」

↓B「○○って言った」

「Aさん、合ってる？」

※このように、お互いの言い分が合っているかどうか整合性を確認します。

「今、お互いの話を聞いたけど、どっちも悪いところがあるような気がするなぁ。何か分かるかな？」

↓A「Bさんをたたいたこと」

↓B「Aさんのいやなあだ名を言ったこと」

「そうだね、暴力はいけないし、相手のいやな気持ちになるあだ名を言うのもよくないね。お互い悪いところがあったね。それじゃ、これでいいですか？　はい！　おしまい」

CASE 22

男女の仲が悪い

Situation

男子と女子の関わりがありません。学習活動で話をすれば、けんかが始まってしまいます。

男子も女子も誰とでも話ができる学級にするにはどうすればいいかなあ。仲のよい学級にしなくちゃ。

《

高学年はそういうもの

発達段階で大きく異なりますが、高学年になれば異性を意識するのは当然のこと。ただ、授業に支障をきたすようであれば指導します。

意識するのは当然の流れ

①見守る

高学年の休み時間の様子です。男子が男子とだけ、女子が女子とだけ遊んでいます。男女一緒の活動をすると、「ちょっと！」「うるさいなぁ！」など口げんかが始まります。それを見て優しすぎる先生は、「みんな仲良くさせなくちゃ」「どうしたら男子と女子が仲良くなるのか、話し合いや学級会でもしようかな」と必死になってしまいます。

ただ、先生が男子と女子の仲をよくしようとすればするほど、お互い意識し始め、なかなかうまくいかないどころか、男性の先生は女子たちとの、女性の先生は男子たちとの関係が気まずくなってしまうことがあります。男女の対立で必要以上に先生が介入することによって、特に女子のグループから反感をかってしまうことがあります。指導のタイミングを見計らいましょう。困っている子どもが出てきたら指導のポイントです。

さて、考えなくてはいけないのが、男子同士、女子同士で集まるのはいけないのか、ということです。

男女が意識し合うのは自然なことです。５年生あたりから、早ければ中学年でも出てきます。これは成長の一過程。先生が考えすぎないのが一番です。男女が仲良く、休み時間も一緒に遊んでいる方が珍しいのです。

ただし男女のグループの対立によって普段の学習に支障がきたすようになれば指導をしなくてはいけません。授業中の活動と休み時間の生活について子どもたちが意識していればそのまま見守ってあげましょう。

②意図的な男女の交流を仕組む

学級の中にいるとお互い意識しあっていても、一人ひとりになるとそこまででもありません。授業中に男女二人組のペアになる場を仕組みます。

例えば、次のような活動が考えられます。

(1)座席を男女隣同士にして、二人で意見を確認したり、交流したりする場面を増やす
(2)男女二人ずつの四人グループで調べ学習をする授業を行う
(3)席替えを頻繁に行い、いろんな人と接する

男子と女子の仲をよくするには、お互いのことを知ることから始めるのがコツです。お互いがけんかせずに話せる場面を考えてみましょう。

③年度当初に指導する

４月最初に、体育の時間、手つなぎオニなどの活動で男女の関わりがあるような場面を意図的に仕組みます。

すると、男子は男子、女子は女子で活動をするような様相が見える時があります。その場面を見逃さず、次のように話します。

「授業は学級みんなでがんばる時間。手つなぎオニで、一時、手をつなぐことすらできないなら運動会や学習発表会は成功しませんよ。これは、いじめにもつながります」

優しい先生であっても、強く言ってよいでしょう。

学校は男子も女子も全員が協力して学ぶ場であるということを、普段から言葉を変えて声をかけ続けましょう。普段から男女混じった活動を多く行っておくことも大切です。

CASE 23

Situation

体育の授業や休み時間にドッジボールなどで負けると、機嫌が悪くなる子どもがいます。

勝ち負けにこだわる

勝ったらうれしいけど、負けたら悔しいよね。悔しい気持ちを受け止めて、あの子が勝つまでもう1回やってあげようかな。

《

負けることを経験させる

ゲームは勝ち負けがはっきりするから面白いのです。負ける人がいるおかげで、勝つ喜びが得られるのです。負ける経験を積ませましょう。

生活習慣
学校生活
授業中
友だち関係
言葉・発言
学校行事
保護者対応

負ける経験が成長させる

①負けることは大事なこと

体育の授業でのドッジボールなどのゲーム運動や休み時間の遊びの中で、いつも勝負にこだわってしまう子どもがいます。負けると機嫌が悪くなります。「まだ負けてない！」「あいつのせいで負けた！」「もうやらない！」と言ってすねてしまいます。低学年に限らず、高学年にもいます。

優しすぎる先生は、こうした子どものために「それじゃあ、もう1回やろうか」と勝つまでやらせたり、「次は勝つかもしれないから、次の時間もやろうね」と機嫌を取ったりしてしまいます。これでは、いつまでたっても負けることを不満に思ったり、人のせいにしたりと、成長がありません。

勝負にこだわる子どもは、それまでに負けた経験が少ない子どもです。お家では勝つことが当たり前の過ごし方をしていたり、スポーツでは運動神経が頭一つ抜けていたりする子どもが多いはずです。

そこで、いろんな場面で負ける経験をたくさんさせます。手っ取り早いのはじゃんけんです。最初は悔しくて泣いていても、「そんな時もあるよ」「運が悪かったね」とあきらめさせましょう。経験を積むことによって泣いても仕方がないことを学習します。

負けた後、すねているようであれば、別の場所に移してクールダウンさせます。

もしも、体育の授業で次のゲームがあれば、待たずに始めてしまいましょう。そのうち「先生、やらせてください」と言うはずです。その時に「その言葉を待っていたよ。負けても次がんばろうっていう気持ちが大切だね」と声をかけます。試合をする方が楽しいと気付くはずです。

②「悔しさ」と「八つ当たり」は別

ゲームに負けて悔しい気持ちは分かります。優しい先生は、そこに寄り添うことが多いでしょう。

しかし、その悔しさを次への力に変えないといけません。悔しい自分の気持ちを他者のせいにしていては成長できません。ですからここは、次のようにきっぱり言いましょう。

「悔しい気持ちは分かったよ。でも、それでいらいらして他の人に当たるのは別のお話だよ」
「あなたのしていることは『八つ当たり』って言うんだよ。八つ当たりされるといやだから、みんなはあなたから離れてしまいます。先生も離れてしまいますよ」

心の悔しさは許しても、間違った行為に対してはきちんと指導しましょう。

③負けてもがんばる子どもに注目する

子どもの中には、負けても「次がんばろうね」「もう1回やろう！」と前向きにとらえている子どもがいます。その発言をほめ、みんなに広げます。

「今の○○さんの言葉いいなぁ。よし！　もう1回やろうか」

と明るく言います。

学級の適切な行為・行動を取り上げ、次の展開につなげましょう。

スポーツをしている子どもの中には、自己主張をすることを認めてもらっている子どももいます。学校はみんなで高め合う場所なので、「あなたの上手な技をみんなに教えてあげてくれないかな」と、勝ち負けとは別の次元で話すことも有効です。

CASE
24

いじめが起こった

Situation

子どもが「学校に行きたくない」と言っているという連絡が入りました。以前からいじめられているという話です。

いじめられた○○さんはとてもかわいそう。いじめた方も何か心に満たされないものがあったにちがいないわ。

<<

「いじめはぜったいダメ！」と宣言する

いじめの対応は素早さが大事です。まずは事実確認をしましょう。子どもたちには「いじめ」は重大な人権侵害であると話しましょう。

いじめは毅然と対応する

①素早く対応

優しすぎる先生は、いじめの対応に際して、いじめられた側といじめた側の両者の気持ちを考えてしまいがちです。でも、いじめは「いじめ防止対策推進法」があるように、重大な人権侵害です。もしも「いじめ」が起こったのであれば、いじめられた子どもに寄り添い、いじめた側に対して毅然と対応しましょう。その上で、いじめた側の話を聞きます。

「いじめ」は低学年から高学年と発達段階によって内容が大きく異なります。ただし、対応については、素早くすることが一番お家の方の信頼を得ます。

例えば、子どもが「いじめられるから学校へ行きたくない」とお家の人に訴えているという時点で「いじめ」になります。まずは次のことについて確認しましょう。

「いつから」「どこで」「誰に」「どんなことをされたのか」

そして「大丈夫だよ。すぐにその人たちに話をするからね」と伝えます。

被害者となる子どもや保護者にとっては、解決するかしないかよりも、いじめに対して、すぐに先生が指導をしてくれたかどうかによって、その後の信頼の度合いが変わります。決して様子を見ようと思ってはいけません。

本人には、先生が指導することによっていじめが解決する確率が高くなることを話し、安心させます。

②全国の「いじめ」の1件

優しすぎる先生は、いじめた側にも寄り添ってしまいます。大事なことでもありますが、ここはきちんと指導しましょう。いじめていた子どもが分かれば、すぐに話を聞きます。まずは一人ずつ聞きましょう。複数のグループであっても、一人ずつにします。場合によっては生徒指導主任や学年主任を加えて複数で対応する必要もあります。

いじめた側の子どもは「そんなつもりはなかった」「だって○○さんも」などと言い訳をすることもあります。それらの意見は受け止めたうえで、「これは『いじめ』です。全国で68万件あるといわれている1件になります。この学校でその1件が生まれました」と伝えます。

いじめは決して許されないこと。そして、この事実は先生だけでなく校長先生も相手の親も知っているのだということをきちんと説明します。穏やかに話せば十分です。

③いじめを止める側に指導する

いじめていた子どもたちへの優しい先生なりの子どもの指導です。

まずは、いじめていた子どもたちには「今回の件は、学校の先生みんなが知っています。これから君たちがどんな行動をとるか注目しているからね」とくぎを刺しておきます。

今後、いじめの被害者になるかもしれない子どもがいます。今回の件が解決したとしても、ちがう誰かからいじめられる可能性もあります。そこで、今回いじめた子どもに指導の後、次のように言います。

「この後もしも○○さんがいじめられていたら、それを止める側になってほしいんだよね」

「止められなくても、○○さんの側に立ってほしいんだよね」

と伝えます。

いじめた子どもを、いじめを止める正義の側に変えていきます。

CASE 25

言葉づかいが悪い

Situation

新年度の学校生活に慣れたころ、友だち同士の会話や先生への言葉など、言葉づかいが乱れてきます。

言葉づかいがちょっと悪いなぁ。でも、私には親しく声をかけてくれる証拠だし、友だち同士のことだから何も言わなくていいよね。

公と私の場を考えさせる

言葉づかいは、それを使う相手や場所によって使い分ける必要があります。場に応じた言葉づかいをできるようにさせましょう。

相手・場に応じた言葉づかいをさせる

①相手に応じた言葉づかい

言葉づかいは相手によって変わります。友だち同士なのか、先生なのかによって変わります。友だち同士であっても、親しい仲かどうかで変わります。先生も、担任の先生かそうでないか、校長先生か保健室の先生かによっても変わります。

(1)個別の指導

優しすぎる先生は、子どもが誰に対して発している言葉なのか見逃してしまいがちです。仲良しの友だち同士ならそのままでいいのですが、授業中、学級みんなに対して話している言葉や先生に対して発する言葉であれば指導しましょう。優しく「今の言葉づかい、どうかな？」「もう1回言ってくれる？　どう言えばいいかな？」と声をかけるだけで大丈夫です。

(2)「言葉づかい」の意味

加えて、学級全体にも次のような話をしておきましょう。内容については、学年に応じて変えてください。

「言葉づかい」を漢字で書けますか？　『使い』とも書きますが、もともとは『遣い』と書きます。
この「遣う」という言葉は、気を遣う、心遣い、という語でも用いられます。6年生であれば、歴史で出てくる「遣隋使・遣唐使」で使われています。これらの例で分かるように、「送る・行かせる」という意味があります。「使う」とは違って、「どこに」「誰に」という対象があります。ですから、今、誰に対して話しているのかを意識しましょう。誰にでも同じ言葉を使っていると、相手によっては「言葉づかいが悪い」と思われてしまいます。みんなもお家の人に話す言葉と学校の先生に話す言葉は違うでしょう？

子どもの言葉づかいの指導を厳しくしすぎると、子どもとの関係が悪くなっていきます。まずは先生の方から丁寧な言葉づかいで子どもと接すると、自然と子どもの言葉づかいもよくなっていきます。

②場に応じた言葉づかい

言葉づかいは場によっても変わります。休み時間に友だち同士と話しているのか、授業中のペアでの話し合いなのかは、相手が同じでも言葉づかいは変えないといけません。

そこで、次のように話をしてみましょう。


休み時間と授業時間の違いについて考えてみましょう。

勉強を教えてもらおうと思っています。〇〇さんにどんなふうに言いますか？　休み時間なら「ねえねえ、勉強教えて！」と言えば済みますね。授業中だったら「ねえ、勉強教えて！」でいいですか？　なんだか変ですね。「今時間だいじょうぶ？」「ここ分からないんだけど、教えてくれない？」という風に言葉を変えますね。

授業中などは「公（おおやけ）」というみんなの世界です。休み時間は「私（し・わたくし）」という個人の世界です。「今、どっちの世界かな？」と考えると、言葉づかいが一気によくなりますよ。

CASE 26

Situation

友だちのいけないことを「○○さんがいけません！」「男子が悪いことしてました！」などといつも言いつけに来ます。

友だちの陰口・告げ口を先生に言う

生活習慣
学校生活
授業中
友だち関係
言葉・発言
学校行事
保護者対応

○○さんたちがいつも友だちのいけないことを言いに来るなあ。ちゃんといけないことを指導してあげよう。

<<

できるだけ自分たちで解決させる

陰口・告げ口を先生に言いに来る子どもの目的を考えてみましょう。正義感の誇示なのか、先生を味方につけたいのか、いろいろです。

受け止めつつ、本人に投げ返す

①告げ口には「どうしたらいいと思う？」

子どもたちの中には正義感の強い子どもがいます。特に低・中学年には、ちょっとでもいけないことがあると許せない子どもがいます。「〇〇さんがいけません！」「〇〇さんと□□さんがこんなことをしていました！」「〇〇さんはいつも悪口を言っています」などと言いつけに来ます。

こうした声かけに対して、優しすぎる先生は「分かった！ すぐに話をしましょう。今、〇〇さん、どこにいるのかな？」と、子どもと一緒に〇〇さんを注意しに行ってしまいます。

でも、子どもの陰口・告げ口を先生がいつも対応していると、「あいつ、いつも先生に言いつける！」「先生は△△さんの言うことばっかり聞いてる」と、先生の関係や子ども同士の関係を気まずくすることがあります。

当の本人たちは、先生が注意したら、すぐにどこかへ遊びに行ってしまいます。ただ単に正義感を先生に伝え、認めてもらいたいだけかもしれません。
そこで、陰口・告げ口をする子どもには、次のように話します。

「教えてくれてありがとう」「分かったよ」

この一言で十分です。「いけないよね」「うん。そうだね」と子どもと同じ言葉を繰り返しておきましょう。「これは指導しなくちゃ！」という時だけ先生が出て指導します。それほどでもない場合は、

「どうしたらいいと思う？」

と問い返します。「自分たちで注意します」「なんとかします」と言えば、子どもたちに任せましょう。「先生注意してください」と言えば、「分かったよ。あの子たちに話をしておくね」と受け止め、その子どもたちに後で優しく話をしておきましょう。話をした後に「話しておいたよ」と、伝えておきましょう。
その後も「どうしたらいいと思う？」と繰り返すことで「自分たちで何とかした方がいいな」と思うようになります。

②陰口には「ふーん、そうなんだ」

友だち同士が先生のところに来て、「〇〇さん、いやだ。だっていつも自慢してくるんだもん！」「□□さんってね、たまに私のこと無視してくるんだよ。いやだよね」のように別の子どもの陰口・悪口を先生に言うことがあります。

こうした話題に優しすぎる先生は「そうなの？　それはひどいね」と相づちをうってしまいます。この子どもたちの味方をしたようなものです。「でしょ！」と言って先生を仲間に加えてしまいます。また、「それは違うよ」「そんなこと言うものじゃないよ」と言うと、相手の味方になってしまいます。

ですから、次のように受け止めてあげるだけで十分です。

「ふーん。そうなんだ」

あまりに陰口がひどい場合は「言葉に出すと、みんながいやな気持ちになるから、心で思っていても、声には出さない方がいいよ」くらいは言ってもいいでしょう。

CASE
27

Situation

友だちのいけない場面に「ダメだよ！」と注意ばかりする子どもがいます。この言葉でトラブルになることも。

友だちの注意ばかりする

先生の代わりに注意をしてくれてうれしいな。私は厳しく注意するのが苦手だから、注意してくれるのはとっても助かる。

<<

注意は1回

よかれと思っての注意も、繰り返されるといやな気分になります。「注意するのは1回でいいよ」と話しておきます。

注意するのは先生の役目

①注意は1回

優しすぎる先生は、子どもを注意することが苦手です。

そんな時、正義感の強い子どもが「ダメだよ！」「いけないよ！」といけない行為・行動を注意してくれるのはありがたいことと感じてしまいます。

でも子どもたちにとっては、同じことで何度も繰り返し注意されると、たとえそれが正しいことであったとしてもいやな気分になってしまいます。先生から注意されるならともかく、「なんであなたが言うの！」という気分にもさせてしまいます。それが学級の人間関係を崩してしまう原因にもなりがちです。

そこで、正義感の強い子どもには「いつもみんなのためにありがとうね」と労ったうえで、次のように話しておきます。

「何かいけないことがあったら、1回だけ注意してあげてね」

同じように学級全体にも、

「お互いがいいところを認め合ったり、いけないところを直したりできる学級がいいですね。先生の代わりに注意してくれる人もいます。そんな時は1回で正すことです。注意されたらすぐに直してくださいね」

と学級全体に向けて話します。

②2回目は先生の番

正義感の強い子どもにとって、注意をしてもなかなか聞いてくれなかった時、何度も言いたくなります。その対応も個別の声かけと、学級全体と両方に伝えておきましょう。

「注意されたら1回で直すんですよ。でもね、たまに1回で直してくれない友だちもいるようです。そんな時は、先生のところに言いに来てください。注意するのは1回でいいです。2回、3回もしなくていいです。1回で直せない方が悪いのです。後は先生の仕事です」

と注意してくれることは感謝し、その後の対応は教師がすることで決着をつけます。

③先生の言葉でおきかえる

授業中や休み時間、先生の耳に「△△さん！　今は、そんなことしちゃ、ダメだよ」という声が聞こえた場合、次のように付け加えます。

「○○さん、ありがとう。今、先生も言おうと思っていたんだ」
「先生の代わりに言ってくれてありがとう」

と話します。注意したことを先生の言葉として伝えることで、友だちを注意ばかりする子どもの言葉が和らぎます。

どんなに悪いことをしていても、注意のされ方によって反発してしまうことはあるものです。「盗人にも三分の理」ということわざがあります。注意される子どもが悪いのですが、特に子ども同士の注意だと余計に反発しがちになります。ですから、注意する側にもされる側にも次のことを話しておきましょう。

「注意は1回。でも注意されない生活が一番いいですね」

CASE 28

うそをつく

Situation

指導をする際に、いつもうそをついてその場を繕ったり、言い訳をしたりする子どもがいます。

注意される時に、うそや言い訳ばかりしているのは叱られたくないんだよね。優しく話をしてあげよう。

<<

正直の大切さを伝える

うそをつくことでいけないことが一つ増えます。たとえ失敗しても正直に答える方がよいということを伝えます。

「うそはいけない」と分かってもらう

①いけないことが一つ増える

「だって○○さんがしようって言ったから……」「ぼくはやってない」「よく分からない」など、うそをついたり、言い訳をしたりする子どもがいます。優しすぎる先生は、うそに気付いていても「うそをついているでしょ」と問いかけることができません。むしろ「優しく話してあげよう」と、それとなく遠回しに話すことが多くなります。いつもうそをついていたり、言い訳をして逃げていたりする子どもにとって、優しすぎる先生は好都合です。いつまでたっても変わりません。いけないことをして叱られるのは仕方がないことです。うそや言い訳でその場を逃れようとする子どもは、叱られることを極端に恐れ、うそをつくことで自分の責任を軽くしようと考えています。そこで、次のように話をします。

「うそをつくと、その分いけないことが増えるよ。叱られることも一つ増えてしまうんだよ」

と、うそをつくこともいけないことだと教えます。

さらにうそを貫き通そうとしたら、次のように話します。

「誰かが君のしたことを見ているかもしれないね。みんなに聞いてみようか。でも、君がもっといやな思いをするかもしれないよ。どうする？」

やってしまったのは仕方のないこととして、きちんと謝ることを教えないといけません。

②もう1回聞く

うそをついたり、言い訳をしたりする子どもに、優しい先生は厳しく問い詰めることが苦手です。だったら、優しく次のように聞いてみましょう。


「もう1回聞くよ。宿題やってないよね」

「やったけど、忘れた……」

「ふうん。そうですか。やったけど、忘れたんですね」

「うん……」

「そうですか。それじゃあ明日もっておいで」

「もう1回聞くよ」と言った後、本当のことを言えばいいのですが、言わなかったとしても「バレていたかな？」と思い、良心の呵責が生まれるはずです。

③うそに乗っかる

明らかにうそや言い訳だと分かっていて、子どもがうそをつき通すのなら、それに乗ってみましょう。どうせ本当のことを言わないいんですから。その代わり、次のように話をしておきます。

「休み時間、ボールを片付けてなかったよね」
「片付けたよ。絶対片付けた！」
「あなたがそう言うのなら、そういうことにしておくね。そうだよね……。人って正直に話をするって難しいんだよね」

と話します。きっと本人だって先生にバレているのは分かっているのです。「実は本当のことは知っているんだけどね」という「知っているけど言わない優しさ」を伝えておきます。本当はこれが一番こわいかもしれませんね。

CASE
29

「なぜ？」「どうして？」と言ってくる

Situation

何かをするたびに「なんで？」「どうしてしなくちゃいけないの？」と聞いてくる子どもがいます。

「なぜ？」「どうして？」って聞かれたけど、なぜだろう。一緒に考えてみたけどなかなか理由が分からないなあ。

まずは答えて、次、やってみよう

明確な理由がある場合は伝えてかまいません。ただ、言葉だけでは分からないことがあるのも事実です。やってみて分かることもあります。

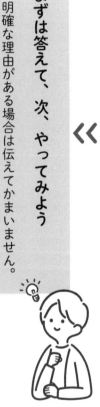

「なぜ？」「どうして？」の背景は2種類

①背景１「なぜなぜ期」

低学年の教室での場面です。「先生、なんで空は青いの？」「どうして横断歩道で手を上げないといけないの？」など、ことあるごとに聞いてくる子どもがいます。優しすぎる先生は、時間をかけてその子どもの問いかけに対応しようとします。ただ、いつも答えてばかりいると、授業時間が足りなくなってしまったり、さすがにいらいらしてしまったりすることがあります。

低学年で「なぜ？」「どうして？」といつも聞いてくる子どもの背景は、心理学でいう「なぜなぜ期」「質問期」と呼ばれる発達段階にあることが考えられます。3～4歳ごろの子どもに多く見られる言動です。低学年の子どもであっても、この時期の発達段階であれば、先生に対して「なぜ？」「どうして？」と問いかけてくることでしょう。

こうした子どもの対応は、優しい先生なら、そのまま優しく対応すれば十分です。

例えば、次のような対応をしましょう。

(1)すぐに答えてあげる。
(2)分からなくても一緒に考えてあげる。
(3)「どうしてだと思う?」と問い返す。余裕があれば、みんなで考える。

決して、ごまかしたり、笑ってからかったりしないようにしましょう。この時期の対応が子どもの好奇心や探究心を伸ばし、学習意欲を育てることになります。

子どもも先生との楽しいコミュニケーションのつもりで聞いています。そのうち成長とともに「なぜ?」「どうして?」とは言わなくなってきます。ここでしっかりと関わることで、子どもといい関係が築けます。

②背景2「反抗期」

高学年に対応している場面です。「休み時間に荷物を運ぶのを手伝ってもらいます」に対して、「なんでやらなくちゃいけないの?」と言ったり「どうして勉強しなくちゃいけないの?」「なんで掃除しなくちゃいけないんだろう」と言ったりするような、先生に対して反抗的な態度での「なぜ?」「どうして?」というやり取りがあります。優しすぎる先生は、高学年の迫力に押され「用事があったらやらなくてもいいよ」と言ったり、「勉強は将来のためだから」と一般論を話したりしてしまいます。反抗的な態度の子どもは自分の都合のいいようにとらえてしまい、自分勝手な態度を助長することにもなります。

そこで、優しい先生なりの対応として、次のように言ってみましょう。

「まずは、やってみよう」
「やったら分かるよ」

高学年の子どもの発する「なぜ?」「どうして?」は、単なる「やりたくない」という気持ちが入っていることが多いです。それに対して言葉で論破すればいいのですが、優しい先生にとっては難しいことでしょう。ですから、「まあ、そう言うけれど、高学年だから手伝ってよ」「勉強って何でするんだろうね。まずは、やってから考えてみようよ」「掃除もやってみたら、何か気持ちが変わるかもしれないよ」と、とにかく行動させましょう。考えても分かりません。それよりも、やってみて分かることの方が多いですよ。

CASE 30

運動会の練習でふざける

Situation

運動会の練習をしていても集中していません。競技も力を抜いたり、応援合戦も本気で取り組まなかったりします。

運動会はみんなでがんばってほしいけど、もうちょっと練習を本気でやってほしいなぁ。でも、本番になったらきっとがんばるよね。

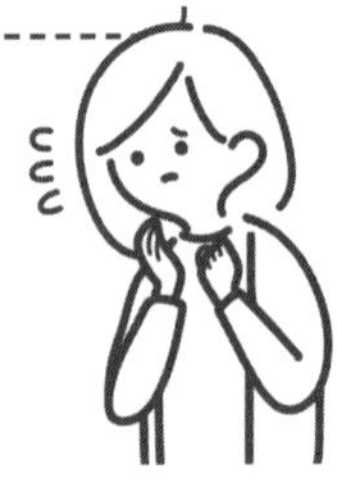

≪

運動会は自分の成長を見せる場所

運動会はお家の方も来る大きな学校行事です。運動の勝敗を決める大会というよりも、自分たちのがんばりを見せる場だと伝えましょう。

運動会は自分たちで動く

①運動会でつけたい力

運動会の練習をしていて自分たちから進んで動いてくれるといいものの、全員がそうとは限りません。特に高学年での種目練習や応援合戦の練習などは、先生の指示がないと動きません。動き出したと思っても、何となくだらだらとした感じになっています。

こんな時、優しすぎる先生は「本気を出そうね」「がんばろうね」と励ますものの、「運動会本番になったら本気になるだろう」とプラスでとらえてしまいます。ただ、練習でできなかったことが本番当日にできることはありません。練習こそ一生懸命取り組ませたいものです。

まずは、運動会の始まる前に、運動会でつけたい力について、みんなで確認しておきましょう。特に高学年であれば、学年や学級での最初の練習前に、次のような話をしておきます。

「運動会は、なぜするのですか？　リレーで勝負をするだけだったら、体育の時間で十分なはずです。わざわざお家の方を呼んで、運動会をするのはなぜでしょうか」

こう問いかけると、次のような「こんな姿を見せるんだ」という意見が出てきます。

- 足が速くなった
- 体力がついた → 運動面の成長
- 全力を出している
- がんばっている → 全力でがんばる姿
- 友だちと協力している
- みんなを応援している → 協力の姿

決して、リレーや綱引きといった種目をしたり、応援合戦を披露したりということだけではないことに気付くはずです。

これらを黒板にまとめると、学年（学級）の運動会でのつけたい力（＝めあて・目標）ができます。このめあてをみんなの合言葉にして、運動会に取り組むことで、手を抜いたりふざけたりする子どもが減ります。

②運動会は、運動を通した発表会

運動会は単に優勝を目指す運動の大会ではなく、運動を含めた動きを見せる発表会だという意識を持たせます。

競技をしていなくても、応援席で応援している姿や応援席から競技の始まる招集場所に移動する姿、競技を終えてテントに帰る姿、開会式・閉会式の姿など、すべて運動会で発表している姿です。こうした話を優しく子どもたちに語りかけましょう。すると、勝ったか負けたかだけが競技ではなく、普段からの取り組みが当日の姿になって表れることに気付くはずです。

③子ども同士が話し合う時間を設ける

運動会前の競技練習が終わった後や、授業の終了10分前に子どもだけで話し合う時間を設けましょう。「作戦タイム」として競技練習前に相談の時間を取るように、競技が終わってからもふり返る時間を取ります。高学年の応援合戦の練習後も、チームごとに1日の練習をふり返る時間を取ります。ここは、できるだけ子どもたちに任せたい場面です。特に競技練習は、その日の勝敗がはっきりしているので、「次、どうしようか」という意見が出やすく、チームワークや主体性を伸ばすことができます。もしも、意見が出にくい場合は、「一人が一言ずつ感想を言ったら終わりにしてください」と伝えてみましょう。

CASE 31

学習発表会（音楽会）で恥ずかしがっている

Situation

学習発表会の練習が始まりました。でも、動きが小さかったり、歌声が小さかったりする子どもがいます。

学習発表会はもっと大きな声でセリフを言ってほしいなぁ。でもみんなの前に立つのは恥ずかしいからかな。そんな気持ちも分かるなぁ。

恥ずかしがる姿が恥ずかしい

全力で取り組まないと、その場が白けてしまいます。全体の練習を台なしにしないためにも、全力で取り組ませましょう。

表現力は、心の開き具合

①なぜ学習発表会をするのか

学習発表会や音楽会で真面目に取り組まなかったり、歌声が小さかったりする場合、優しすぎる先生は「恥ずかしいから仕方がない」「声が小さいのも個性」ととらえ、指導しなくてもよいと考えてしまいます。しかし、個性だからとそのままにしていては何も変わりません。ここは、運動会の時と同じように「なぜ学習発表会があるのか？」と問いかけることが有効です。最初の場面では、次のように全員に意見をもたせてもいいでしょう。

「みなさん、立ちましょう。なぜ学習発表会をするのですか？　自分の意見がもてた人は座りましょう」

と話し、運動会同様、子どもたちの意見を集約してめあてを作ります。中には「毎年やっているから」「やることが決まっているから」という意見を悪びれずに言う子どももいます。こうした子どもは目的意識が低く、真面目に取り組まなかったり、歌や動きが小さくなったりしがちです。「みんなですばらしい学習発表会にしようね」「音楽会を通してみんなで力をつけていこうね」と作っためあてを掲げて取り組みましょう。

②個別に指導

全体の練習が始まっても動きや声が小さい子どももいます。そんな子どもたちに向けた、優しい先生なりの言葉かけの例を紹介します。

(1)真剣に取り組んでいない子ども

「あなたたち、もうちょっと真剣に取り組んでみたらどうかな？」

↓「え〜だって恥ずかしい！」

「全員が一生懸命やっているのに、あなたたちのところだけ恥ずかしそうにしていたら劇が台なしになっちゃうよ」「先生が見ていてあげるから、やってごらん」

個別に練習を見てあげることで、成長を励ましてあげましょう。

「できるようになったじゃない！　その調子でみんなとやってみよう！」

(2)恥ずかしさは伝染する

「あなたたちが恥ずかしそうにしていると、見ている方まで恥ずかしくなってしまうよ。タレントさんを見てごらん。お笑い芸人さんは、自分は笑わずに相手を笑わせるでしょう？　自分のネタで笑っていたら白けるでしょう」

「あなたたちが手を抜いていると、みんなが全力を出しているから目立ってくるよ」


周りから見えている子どもたちの様子を伝えてあげましょう。

③大きなよい流れに乗せてしまう

不十分な態度への指導が難しい場合は、大きな声を出していたり、上手に演技したりしている子どもたちをどんどん増やしていくのも手です。次は、歌を歌わせている場面です。

「いい声を響かせているね。体育館の真ん中まで聞こえるよ。それを体育館のすみっこまで届けられるかな？　すごいすごい！　みんなの声がパワーアップしたよ」

全体の大きな声に乗って、声が小さかった子どもも大きな声になってきます。声を大きく出せる子どもをどんどん増やしていくと、自然とその流れに乗って不十分な態度だった子どもも声が出せるようになっていきます。

CASE 32

遠足・校外学習で騒ぐ

Situation

遠足で学校外に出かけました。学校生活とは違ってちょっとはしゃいで大声で騒いでしまいます。

社会見学で学校の外に出たけれど、みんなテンション上がって騒ぎすぎ！　でも、いろんな人が見ているからここで注意するのはやめておこう。

迷惑のかかる行為はその場で指導する

学校外の活動は、社会での過ごし方を学ぶ場でもあります。周囲に迷惑がかかる行動は、その場で注意しましょう。

学校での学びが役に立っているか確認する場

①注意することが学校の信頼にもつながる

遠足や社会見学などの校外学習に出かけると、子どもたちのテンションが上がって見学先で大騒ぎをしたり、歩道を広がって歩いたりと態度が乱れがちになる場合があります。校外に出れば、〇〇小学校という看板を背負って学習しています。出会う方々も「どこの学校だろう?」と注目しています。そんな中で注意せず、放っておくのは学校の信頼を落とすことにつながります。校外の学習では、社会の迷惑になる場合は大きな声を出す必要はありません。その時の場面に応じて、個別でも全体にでも指導をします。

「今の〇〇さんの態度は、迷惑になりますよ。静かにしてください」

「歩道を広がっていると邪魔になってしまいます。1列になりましょう」

「一旦全員集まってください。どうして集まったか分かりますか？　仕事をしている人たちを困らせているからです。ここからは気を付けましょう」

きちんと指導している姿を見せることで、「この学校の先生はちゃんと指導しているな」「いけないことを教えてくれているな」と信頼感が増します。

本来であれば、騒ぐことがないように指導しておけばいいのですが、指導していても騒ぐのが子どもの本性です。その場、その時、その瞬間に一声かけましょう。

②「○○小学校の代表」を意識させる

校外活動では、「君たちは○○小学校の代表として来ているんだよ」という話をしましょう。騒いで迷惑をかけた時も、次のように話ができます。

「今日の見学先は、去年も4年生が来ていました。働いている人は『今年はどんな子どもたちかな？』と比べながら見ているかもしれません」

「消防署には、これまでいろんな学校が見学に来ています。『この学校はどんな姿勢で聞いてくれるかな？』と話をされると思いますよ」

騒いでしまった子どもたちには次のように話をします。

「○○小学校の代表として残念だなぁ」

「あなたたちのせいで評判を落としてしまうのは悲しいです」

「いい態度で見学している人たちが多い分、目立ちますよ」


本人たちは騒いでいる様子が分かりません。きちんと教えることこそ優しさです。

③何を学ぶのか明確にしておく

遠足や社会見学では、何を学ばせるのかをあらかじめはっきりと伝えておきましょう。事前の指導によって、当日安心して学習を進めることができます。例えば、「社会見学は、社会の授業の勉強だけではありません。電車に乗ってきちんとマナーよく過ごせるかどうかも大事な勉強なんですよ」と、移動手段も勉強であることを話しておきましょう。

その他、次のような話をすることで、常に頭に学習が意識されるようにしておきます。


「スーパーの見学では、疑問に思ったことを三つ見つけてくださいね」

「遠足から帰ったら作文の代わりに五七五七七の短歌を書いてもらいます。宿題にしてもいいし、遠足の帰りの間に考えてもいいですよ」

「消防署クイズを出しておきます。答えがきっと見学先にあるはずです」

CASE
33

上手に移動できない

Situation

全校集会があります。教室から体育館まで移動する時にざわざわと騒いでしまいます。

全校で集まる時、いつもざわざわしてしまうけど、ここで立ち止まって指導するよりも、早く集合した方がいいよね。

<<

音に注目させる

歩いて移動する時の態度は音で分かります。どんな音をさせているのかについて考えさせましょう。

上手な移動は音がきれい

①いい音をさせる

優しすぎる先生は、教室移動がざわざわと騒がしくて気になったとしても、立ち止まって指導せずに体育館に集まることの方を優先してしまいがちです。本当は、その場で注意したり、やり直しをしたりすればいい場合もあります。

そこで優しい先生の方法として、あらかじめ次のように伝えると上手に移動することができます。

「いい音をさせて歩きましょう」

移動が上手か下手かは「音」で分かります。

ここでの「いい音」とは、音のない状態です。それをあえて「いい音」と表現するのです。実際にはひたひたと足音はしますが、静かに颯爽と移動する音はいい音に感じます。

②先生は後ろに立つ

優しすぎる先生は、体育館に移動する際に先頭に立ち、先生が列を整えて、「出発しますよ！」と先導していきます。子どもたちがざわざわ騒いでいても、その様子に気付かないことも多いでしょう。多くの学校で見られる光景ですので、日本の先生はみんな優しすぎるのかもしれません。年度の最初は、列の並び方や体育館などへの移動の道筋などを教えないといけません。当然、低学年なら先生が先頭に立って並ばせて「出発します」と合図をかけて移動します。さて、高学年ならどうでしょうか。何回か移動を繰り返したら、次のように聞いてみましょう。

「自分たちだけでできる？」

きっと「できる」と言うはずです。

「だったら、どのように移動すればいいか分かりますね」

と確認します。そして自分たちで列を作り、移動させてみましょう。きっと列を作る時も、歩く時も静かにしないといけないことに気付きます。当然、優しい先生は一番後ろに並んで子どもたちの上手に歩く姿をにこにこしながらついていくことができます。
低学年であっても、慣れてくれば自分たちで移動することができるようになります。

③教室移動は武者修行

教室から一歩でも外に出る時、次のように話してみましょう。

「教室の外は武者修行に出るのと同じです」

教室で先生から教わったことがきちんとできるかどうかを試す場という意味です。外で自分の実力を試すために「どうぞ、行ってきてください」と送り出します。教室から外に出る時の心構え一つで変わります。

CASE 34

整列ができない

Situation

整列をすると、まっすぐ1列になりません。じっとできなくて、うろうろする子どももいます。

「整列しましょう」って言っても、どうしてきちんと並んでくれないんだろう。この学年だったらこういうものなのかなぁ。

全体の指導と個別の指導をする

「整列する」とはどういう状態のことを言うのかを全体で確認します。その上で、個別の対応を考えましょう。

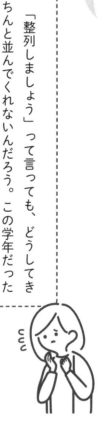

「整列する」とは、どういう状態か確認する

①整列の仕方を集団に指導する

「整列しなさい」と言って整列できるのは、それまでの指導が貯金として残っていた場合です。クラスが変わり、新しい出席番号になれば、整列の仕方を教えないといけません。

優しすぎる先生は、整列ができない状態をそういうものだととらえるか、一から順に教えてあげるかどちらかになるようです。せっかく優しい先生ですので、整列の仕方から教えてあげましょう。高学年だからといって油断してはいけません。最初にきちんと並び方を教え、学級全体で共通理解をしておくと、整列が乱れ始めた時に立ち返ることができます。

年度当初にきちんと並び方について説明します。まずは、原則として移動は「静かに・素早く」です。教室から廊下に整列する場合も一緒です。

そして次のチェック項目を見て、理想の整列のさせ方を考えておきましょう。

□出席番号順なのか、背の低い順なのか、男女別なのか、教室と同じ並び順なのか。

□並ぶ時の間隔はどのくらいなのか。
□移動し終えたときの「整列」「前ならえ」は誰がどうやって指示を出すのか。

整列していない子どもには、そっと「どうしたの?」「並べる?」「静かにね」などと声をかけてあげましょう。慣れてきたら、先頭の子どもに「手を上げて場所を確認させてね」「声を出さずに手で座る合図をしてね」と話します。全体には「自分たちだけで並べるかな」と少しずつ自分たちでできるように任せていきましょう。

②個別の対応

整列が苦手で、正しい位置取りが難しかったり、うろうろしたりする時には、発達に課題がある場合があります。気になるものや興味のあるものに目がいってしまう、多動性や衝動性などの特性があり、ＡＤＨＤなどの診断があれば、個別の手立てが必要です。また、ざわざわした音や集団が苦手な子どももいます。たとえどんな子どもであったとしても、放ってよいものではありません。優しい先生なら、こんな時ぜひ子どもたちのそばで指導してあげてください。例えば次のような指導をしてみましょう。

⑴お手本を見せる

先生が横について一緒に並んであげましょう。「隣に並んでいる○○さん上手だね。真似してみようか」と、友だちの姿をモデルにするよう伝えてもいいでしょう。

⑵時間を伝える

全校で集会活動がある場合、目安となる時間を伝えてあげましょう。「今日の朝の集会は10分くらいだよ」「終業式20分。ちょっと長いけど、がんばれるかな？」などとあらかじめ声をかけておきましょう。

⑶並ぶ位置を確認しておく

「廊下に並ぶ時は、いつもこの印の所に並べばいいからね」「ちょうど前を向いた時に柱があるでしょう。ここに立っておくんだよ」などと、位置が分かるような目印を伝えておきます。その位置から離れないように話します。

⑷並び順を変える

子どもによっては、注意が散漫になる場所に並んでいる子どもがいます。また、出席順などが友だち同士で刺激し合うような並び順になっている場合もあります。「落ち着いて過ごせる場所はどの辺り？」と聞いて、前の方にしたり、一番後ろにしたり、並び順を考えて上手に整列できるようにしてあげましょう。

CASE 35

お便りが届いていないと訴えてくる

Situation

お家の方から「学校のお便りやプリントがなかなか届きません」と連絡がありました。

お便りはちゃんと配ったのに……。机の中やランドセルに入れっぱなしだったんだろうな。もう一度一緒に確認しよう。

大事なお便りは余分をとっておく

連絡帳にお便りの枚数を書かせたり、ランドセルに入れるのを確認したりするとともに、いざというときのために予備を用意しておきましょう。

大事なお便りは一声かける

①もう１枚渡す

「学校からのお便りやプリントがなかなか届きません」という連絡がありました。子どもが机やランドセルに入れっぱなしで保護者に渡っていないことが原因です。「参観日の日程のお便りを持って帰ってなくて……」「今月の予定って出ていましたっけ」のように、日程に関わるプリントは特に大事です。

優しすぎる先生は、子どもに「ちゃんと渡すんだよ」と話し、机の中やランドセルの中を一緒に探します。お便りが見つかればいいのですが、不思議と見つからないことが多々あります。こんな時は割りきりましょう。

もう１枚渡す

本来なら配布したはずのお便りを渡していない子どもを指導しなくてはいけません。

でもせっかくの優しい先生です。もう一度お便りを渡してあげましょう。

「仕方がないなぁ。お家の人が困っていたよ」
「これ、前に『大事だよ』って言って配ったんだけどなぁ」

と言って子どもに渡します。この声かけが子どもへの指導の代わりにもなります。

②連絡帳には枚数を書く

連絡帳を書く際には、必ず「おたより3まい」のように枚数を書いておきます。大事なお便りの場合は、「おたより『こんげつのよてい』」のように、具体的な内容も書かせましょう。

加えて、最近は増えてきているようですが、低学年では「お便り袋」を持たせます。連絡帳とお便りが一緒に入る透明な袋です。「連絡袋」とも呼んでいます。連絡帳とお便りがセットになるので、紛失も防げます。購入するのが難しい場合は、色のついたクリアファイルでもよいでしょう。また、先生も連絡帳に印鑑（スタンプ）を押して確認するとともに、お家の方にも連絡帳を見たことが分かるように印鑑（サイン）をお願いしましょう。教師と保護者のやり取りができていれば、いつ、何が届いていないのかすぐに分かり、対応できます。

ただ、そもそも連絡帳を渡さないという場合もあります。そうした子どもには、連絡帳とお便りをランドセルに入れるところまで見届けましょう。「ちゃんと入れたかな？」と確認します。ランドセルの中に入ってさえいれば、後は子ども本人と保護者の協力に委ねます。少なくとも「学校からは持ち帰っているはずですよ」と言えるようにしておきます。

③お便りの折り方

お便りを二つに折る際、どのように折っているでしょうか。折り方一つで、大事なお便りかどうか分かりやすくする方法があります。

お便りやプリントを字が見えるように折る

折った時に真っ白になると、何のお便りか分からなくなるからです。ただし、記入が必要であったり汚れたら困ったりするものであれば、字の書いてある方を内側に折らせます。お便り袋から出した瞬間に、お便りの中身・内容が分かるようにしておくのが紛失を防ぐコツです。

CASE
36

Situation

お家の人から宿題が少ない（多い）ので、もっと増やしてほしい（減らしてほしい）という連絡がありました。

宿題が少ない（多い）と言ってくる

お家の人から宿題の量が少ない（多い）って連絡があったから、もっと増やした（減らした）方がいいかな。

個別に対応する

家庭学習は、子どもの学力や家庭環境によって変わります。学校から出す宿題は最低限のものにし、後は個別に対応しましょう。

宿題は学習習慣を身に付けるため

①個別に対応する

優しすぎる先生は、お家の方から「宿題の量が少ない（多い）ので増やしてほしい（減らしてほしい）」という訴えに対して、すぐに対応しがちです。たった1件の希望を学級全体に広げてしまうことで、他のお家では「宿題が多くなった（少なくなった）」という不満が生じます。保護者一人の意見によって教師が適切だと考えている学級全体の宿題の量を変える必要はありません。

宿題の量について問い合わせてくる保護者に対しては、個別に対応しましょう。「少ないようなら特別にもう1枚プリントを渡しておきますね」と伝え、個別に採点をしてあげます。

多いと訴えてくる保護者には次のように答えて、個別に対応します。

「承知しました。できなくても、できたところだけやってくれれば大丈夫ですよ」

学級の子どもたち全体のことを考えた量の宿題を出しているのであれば、急な変更は避けましょう。

②宿題は最低限の量

宿題の量は、学級全員が無理なくできる量にします。ですから学級の中にいる一番課題のある子どもができる量になります。必然的に勉強ができる子どもにとっては「少ない」と感じるでしょう。

そのため、勉強したい子どもには、「自主学習」を勧めます。最近は「自主学習」という名の宿題を課している先生もいるようですが、本来の意味での自主学習です。ノート1冊だろうと、別の問題集だろうと、何をしてもかまいません。「自主学習をしたら見せてね」と伝え、提出した時に「すごいね！」「こんなことを調べたんだ！」と話すことで、家庭学習での楽しさを伝えることができます。

その他、プリントなど「やりたい人はやってもいいよ！」と発展問題や難問プリントを準備して渡してあげるとよいでしょう。

このような宿題の話は、学級便りや学級懇談会であらかじめ伝えておくと先生もお家の方も安心です。

③宿題をする時間は子どもによって対応する

宿題は、学習ができるかどうかというよりも、家庭で学習する習慣を身に付けさせるために出します。

特に低学年では「お家で毎日ちょっとずつ」が大切です。

分からない宿題をいやいや時間をたっぷりかけて夜遅くまでやっても効果はありません。「もうちょっと勉強したいな」と意欲が持続するくらいでちょうどいいです。

最近の子どもたちは、スポーツ少年団や習い事で、放課後に家で過ごす時間がほとんどなく、宿題をする時間をつくれない子どももいます。そんな子どもには「休み時間を使って宿題をしてもいいよ」と話します。時間を上手に使うことも大事な家庭学習の一つです。

お家の方が「最近、家で勉強してないのですが宿題やっていますか?」と聞いてくれれば、「スポ少があるので休み時間など学校で上手に時間を使ってやっていますよ」と伝えておけば大丈夫です。

CASE 37

テストの点数を心配する

Situation

お家の方から「テストの点数が悪くて心配だ」と連絡がありました。点数にとても敏感なお家があります。

テストの点数が悪いって連絡があったから、もっと勉強させなくちゃいけないかな。でも、そんなに悪い点数じゃないんだけどなぁ。

<<

見える学力と見えない学力を伝える

学力をつけるのは学校の務めです。真摯にお家の方の意見を受け止めます。そのうえで、様々な力を学校ではつけていることも伝えます。

学力向上は教師の仕事

①テストの点数は教師がつける

子どもが学校に来るのは、できないことができるようになるためです。ですから、勉強をできるようにして帰すのが本来の姿です。ある程度のテストの点数がとれるための力をつけてお家に帰してあげるのは先生の仕事です。

お家の人から「テストの点数が心配です」という連絡が来ていれば、優しい先生だけでなくすべての先生が「私ももっとがんばって指導しますね」と話しておくしかありません。

また、保護者がこのような要望を出す背景には、「先生、もっと子どもたちの学習をしっかり見てよ」という不満がある場合があります。

テストやプリント、宿題のノートなどのチェックはきちんとしていますか？

間違えた問題を正してから返させたり、宿題のノートに日付を書いたりして、先生が見た跡が残るようにしておきましょう。すると、「きちんと見てくれているんだ」という気持ちになり、安心してもらえるはずです。

②プリントや補習をする

公立の小学校の子どもの家庭の教育方針は様々です。卒業後は附属中学や私立中学に行かせたいと思っている保護者もいますし、家庭で勉強するのもままならないような環境の場合もあります。

そんな中で、テストの点数を気にされる保護者には「必要であれば、特別に宿題としてプリントを渡しますけど、どうしましょうか?」と提案します。「個別の課題(宿題)を渡す」という目に見える形で学力保障や補習をしていることが、学力アップと保護者の安心感にもつながります。

一方で、該当する学年の学力に届かずに心配しているお家の方もいます。特に「うちの子どもは特別な支援が必要なのではないか」というお家の方です。こうした心配をされるお家は、子どものことを考えた熱心な方です。まずは担任の先生が、どんなことを心配しているのかについて話を聞いてあげましょう。

特別な支援が必要な子どもの場合は、担任の先生だけでは限界があります。学年主任や管理職、特別支援教育コーディネーターに相談しましょう。子どもの様子によっては、WISCなどの発達検査を受けてもらうこともできます。特別な支援が必要ということが分かれば、その子どもに応じた手立てをとることができます。

③これから時代に必要な力を伝える

今、学校教育のキーワードは、個別最適な学びと協働的な学びです。

お家の方は、自分自身が過ごしてきた学校時代のイメージをそのまま子どもに求めがちです。結果的に学校が子どもに身に付けさせようとしている学力とお家の方が求めている学力にズレが生じてしまう傾向にあります。

文部科学省から出される施策について保護者は知りません。学級便りや学級懇談会などで今の時代に求められている力を伝えていきましょう。

テストの点数も大事ですが、友だちに優しく接することができる姿や学級みんなをリーダーとしてまとめる姿も大事です。大人になるとむしろ、後者の方が大事になってくるようにも思えます。テストでは測れない力も伝えていきましょう。

ただし基礎・基本的な部分は変わりません。テストで点数をとる学力はつけさせておきたいものです。

CASE 38

（先生が）保護者に悪いことを伝えられない

Situation

学校生活では、けんかやトラブルはつきものです。保護者に連絡するかしないか、判断を迷うことは多々あります。

友だちとけんかしていたけど、お家の人に連絡しようか迷うな。連絡したら、お家で怒られるだろうから、かわいそうだな。

≪

迷ったら連絡する

相手にけがをさせたり、地域の人が知っていたりする場合は必ず連絡します。連絡するかしないか迷った時は、連絡しておきましょう。

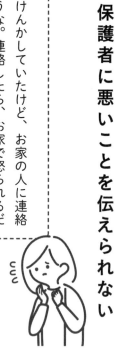

周りからの情報よりも、学校からの連絡

①保護者に連絡する基準

学校ではいろんなトラブルが起きます。けんかだけでも、口げんかや、手足が出てしまうものなど違いがあります。その他にも、物を壊してしまったり、すねて教室に入らなくなったり様々です。この中には、お家の人に連絡をして伝えておかなくてはいけないものもあります。優しすぎる先生の中には、学校でのトラブルを伝えることに躊躇することがある方もいるでしょう。心の中で「お家でもっと怒られるんじゃないか」「お家の人に知られたくないんじゃないか」「プライドを傷つけるんじゃないか」と子どもの立場を優先させてしまいます。それでも、次の場合は必ず連絡しましょう。

(1)友だちを傷つけた場合
(2)地域の人が知っている場合

「友だちを傷つけた場合」は、わざとかわざとじゃないかに限らず、連絡しましょう。けんかをして、ひっかき傷やたんこぶができたような目に見えることがあるなら連絡しましょう。理由を聞いたらお互い様のようなことであっても連絡しておきます。「あれ？この傷どうしたの？」とお家の人が子どもに聞いても、子どもが正直に理由を言うとは限りません。黙っていたり、自分の都合のいい話をしたり、正しい情報がお家の人につながらず、お家の人同士のトラブルに発展することもあります。

わざとじゃなくても、授業中サッカーをしていてぶつかり、本人は元気だけど相手がすりむいてけがをさせ、保健室に行った場合も連絡しておきましょう。

「地域の人が知っている場合」とは、主に登下校中のトラブルです。登下校中に起こったけんかなどは、交通安全見守り隊などの方が見ています。また、地域の人からトラブルや苦情の連絡があり、その指導をした場合も、地域の方が先に情報を知っているので連絡をしましょう。

お家の人が不安になるのは、周りから情報が入ってきた時です。そんな時「先生から何の連絡もない」と思わせてしまうと、先生との関係も悪くなってしまいます。他の子どもや地域が絡むトラブルは早めに連絡をしておきましょう。

②迷ったら連絡

具合が悪くなって早退をお願いしたり、提出物の締め切りが過ぎたりした時は、必ず連絡することでしょう。でも、子どものけんかなどのトラブル、授業の準備物がなかなかそろわないなど、連絡しようかどうしようか悩むことも多いです。

こんな時は、次のように考えておきましょう。

迷ったら連絡する

トラブルについては「申し訳ありません。本来なら学校で指導することなのですが…」と前置きをしておくと、お家の方も安心されます。けがについては「相手のことがあるので、何も知らないと困ることもあるかと思って連絡しました」と話します。

お家の方への連絡は、同じトラブルであっても「そんなの大したことないからわざわざ連絡しなくても大丈夫」と考える方と、「どうして連絡してくれなかったんですか！」と考える方に分かれます。迷ったり悩んだりした時は、連絡しておきましょう。

あとがき

本書の執筆に取りかかっている最中、父が急逝しました。父は私に最後の言葉を残すことなく他界しました。ちょうど母が他界した4か月後のことでした。

私の父の記憶は運転していてハンドルを持つ手と横顔です。幼いころ、父は私を連れてよくドライブに連れていってくれました。ドライブと言っても運転手の仕事をしていた父の横に座らされていただけです。父は、多くを語るタイプではなく、優しい言葉をかけてもらった記憶はありません。もしかしたら一緒に車の中で同じ時間を過ごすことが父の優しさだったのかもしれません。私にとっては反抗期によくけんかをしたことの方が覚えています。その時、私はよく先生に対する文句・悪口、学校への不平・不満を言っていたのですが、父は私に同調することが一切なかったことを覚えています。

父が亡くなった後、多くの方が「怒ったところを見たことがない」「いつもにこにこしていて穏やかだった」「頼まれたことを断らずにやってくれていた」と話していました。みな口々に「優しかった」と言っていました。今、私は不平・不満、愚痴、悪口を言うことがありません。また「頼まれた仕事は断らない」ことを続けてきたおかげで、こうした執筆する機会に恵まれました。私もいつのころからか、父と同じことをして生きてきたようです。

葬儀から一段落し、両親がいなくなった実家の片付けをしていると、ガラス扉の本棚の中に、私の著書や雑誌・新聞記事などが並べてありました。私の知らないところで活躍を喜んでくれていたのだと、この時、やっと「優しさ」を感じました。

子どもは先生の優しい対応で元気になります。時には、その優しい言動が子どもの将来を左右することになるかもしれません。でも、「優しさ」は、与えた側よりも、受け止める側の子どもがどう思うかにかかっています。それでも、「優しさ」を与え続けましょう。「優しすぎる」と悩む先生も、優しすぎていいのです。どうぞ子どもたちにあふれんばかりの優しさを与え続けてください。それが先生のいいところなのですから。

明治図書の大江文武様には、「優しさ」には程遠い私に本書の執筆の機会をいただきました。途中、私的なことで執筆できなくなった際、優しい励ましをいただき書き終えることができました。末筆になりましたが記して感謝申し上げます。ありがとうございました。

２０２４年2月

広山　隆行

【著者紹介】

広山　隆行（ひろやま　たかゆき）

1996年　島根大学教育学部卒業

1998年　島根大学大学院教育学研究科修士課程修了

1998年　島根県公立小学校教諭

2023年　島根県松江市立大庭小学校教諭（現在）

民間教育団体「道徳のチカラ」小学校代表

特別の教科「道徳」教科書編集委員（Gakken）

【主な著書】

『今日から使える！いつでも使える！　小学校国語授業のネタ100』『小学校国語の授業づくり　はじめの一歩』『担任になったら必ず身につけたい！ 小学校高学年困った場面の指導法』『担任になったら必ず身につけたい！ 小学校低学年困った場面の指導法』『国語授業　発問・言葉かけ大全　子どもの学びを深めるキーフレーズ100』（以上明治図書），『教師は言葉かけが９割　局面指導のNGワード×ポジティブワード』（日本標準）

【主な編著書】

『道徳読み』（さくら社），『子どもが変わる局面指導（Ⅰ・Ⅱ）』『「局面指導」が学級を変える』（以上日本標準）など多数。

「叱れない」「厳しくできない」でもうまくいく
「優しすぎる先生」の本

2024年４月初版第１刷刊　©著　者　広　山　隆　行

発行者　藤　原　光　政

発行所　明治図書出版株式会社

http://www.meijitosho.co.jp

（企画）大江文武（校正）井村佳歩

〒114-0023　東京都北区滝野川7-46-1

振替00160-5-151318　電話03(5907)6701

ご注文窓口　電話03(5907)6668

＊検印省略　組版所　日本ハイコム株式会社

Printed in Japan　ISBN978-4-18-388523-4